이 책의 특별한 점!

재미있게 맞춤법 실력을 키워요.

어른들은 맞춤법이 중요하다는데 아무리 봐도 알쏭달쏭 헷갈리지요?
받아쓰기 시험을 볼 때도 들리는 대로 썼을 뿐인데 틀린 문제 때문에 속상했을 거예요.
이 책에서는 헷갈리는 맞춤법으로 만든, 웃음이 빵빵 터지는 문장을 따라 쓸 수 있어요.
재밌게 따라 쓰고 문제를 풀면, 어느새 맞춤법 실력이 쑥쑥 자라날 거예요.

띄어쓰기도 잘할 수 있어요.

맞춤법의 원칙 중에 빼놓을 수 없는 게 바로 띄어쓰기예요.
'아버지가 방에 들어가셨다.', '아버지 가방에 들어가셨다.'
이렇게 띄어쓰기 하나만 틀려도 전혀 다른 뜻이 되거든요.
이 책의 문장을 따라 쓰는 것이 올바른 띄어쓰기를 익히는 데 많은 도움이 된답니다.

어휘력과 문장력이 좋아져요.

이 책에 나오는 문장은 동시를 쓰는 '문현식' 시인의 도움을 받아 문학적으로도 좋은 글이에요.
좋은 글을 그대로 옮겨 쓰는 활동은 어휘력과 문장력을 키워 준답니다.

또박또박 예쁜 글씨를 써요.

연필을 손에 쥐고 글씨를 쓰는 힘을 '운필력'이라고 해요.
운필력이 약한 친구들은 글씨가 삐뚤빼뚤하고, 쓰는 데 시간이 많이 걸리지요.
이 책에는 또박또박 예쁜 글씨 쓰기를 연습할 수 있는 따라 쓰기 칸이 있어요.
칸에 맞게 글씨를 쓰다 보면 자연스럽게 글씨가 예뻐지고, 운필력도 키울 수 있지요.

초등 연계 교과서

국어 1-1 바른 자세로 읽고 쓰기	국어 2-2 바르게 말해요
국어 2-1 시를 즐겨요	국어 3-2 자신의 경험을 글로 써요
국어 2-1 낱말을 바르고 정확하게 써요	국어 5-2 우리말 지킴이

이렇게 따라 써요!

쉽고 자세한 설명도 꼼꼼히 읽어요!

① 문장 속 헷갈리는 맞춤법을 따라 써요.

③ 미로와 문제를 풀며 따라 써요.

② 문장 전체를 따라 써요.

④ 한 번 더 기억하며 따라 써요.

자주 틀리는 맞춤법을 짚어 주는 특별 페이지가 들어 있어요!

차례

얼굴 그리기 칭찬표 • 8

뜻이 비슷하지만 헷갈려요

껍데기 / 껍질 • 10
꼬리 / 꽁지 • 12
늘이다 / 늘리다 • 14
다르다 / 틀리다 • 16
두껍다 / 두텁다 • 18
비추다 / 비치다 • 20
윗- / 웃- • 22
이 / 이빨 • 24
작다 / 적다 • 26
-장이 / -쟁이 • 28

뜻이 다르지만 헷갈려요

가르치다 / 가리키다 • 30
맞추다 / 맞히다 • 32
싸다 / 쌓다 • 34
집다 / 짚다 • 36
채 / 체 / -째 • 38

자주 틀리는 맞춤법 • 40

모음에 주의해요

-대 / -데 • 46
되 / 돼 • 48
-든지 / -던지 • 50
들르다 / 들리다 • 52
띠다 / 띄다 • 54
메다 / 매다 • 56
바라다 / 바래다 • 58
베다 / 배다 • 60
봉오리 / 봉우리 • 62
부수다 / 부시다 • 64
세다 / 새다 • 66
왠 / 웬 • 68

자음에 주의해요

- -로서 / -로써 • 70
- 벌리다 / 벌이다 • 72
- 썩이다 / 썩히다 • 74

자주 틀리는 맞춤법 • 76

받침에 주의해요

- 갔다 / 갖다 • 82
- 낫다 / 낳다 • 84
- 맡다 / 맞다 • 86
- 빗 / 빛 / 빚 • 88
- 빗다 / 빚다 • 90
- 안 / 않 • 92
- 앉다 / 안다 • 94
- 업다 / 없다 • 96
- 잃어버리다 / 잊어버리다 • 98
- 짓다 / 짖다 • 100
- 찢다 / 찧다 • 102

자주 틀리는 맞춤법 • 104

소리에 주의해요

- 넘어 / 너머 • 108
- 다치다 / 닫히다 • 110
- 되게 / 대개 • 112
- 드러내다 / 들어내다 • 114
- 무난하다 / 문안하다 • 116
- 무치다 / 묻히다 • 118
- 바치다 / 받치다 • 120
- 반드시 / 반듯이 • 122
- 부치다 / 붙이다 • 124
- 시키다 / 식히다 • 126
- 어떻게 / 어떡해 • 128
- 있다가 / 이따가 • 130
- 조리다 / 졸이다 • 132

얼굴 보기

껍데기 vs 껍질

껍데기는 달걀이나 조개 등의 겉을 싸고 있는 단단한 것을 말해요.
껍질은 귤이나 양파 등의 겉을 싸고 있는 단단하지 않은 것을 말해요.

조개는 샤워할 때 | 껍 | 데 | 기 | 를 훌렁!

사과는 샤워할 때 | 껍 | 질 | 을 홀랑!

⭐ 다음에 올 말로 알맞은 것을 따라 쓰고, 미로 길을 가 보세요.

① 바나나 → ㄱ 껍질
② 밤 — ㄱ 껍질 / ㄴ 껍데기
ㄴ 껍데기
③ 굴
ㄱ 껍질 / ㄴ 껍데기 →

⭐ 알맞은 단어를 따라 쓰며 이야기를 완성해 보세요.

귤 껍질 / 껍데기 을(를) 까서 주스를 만들어요. 감자 껍질 / 껍데기 을(를) 벗겨서 샐러드도 만들어요.

⭐ 마지막으로 따라 쓰며 맞춤법을 기억해요.

호두는 껍데기, 포도는 껍질.

꼬리 VS 꽁지

꼬리는 강아지나 물고기처럼 동물의 꽁무니나 몸뚱이의 뒤 끝에 붙어서 조금 나와 있는 부분이에요.
꽁지는 참새나 까치처럼 새의 꽁무니에 붙은 깃을 뜻하지요.

강아지가 　꼬리　를 흔들며 왈왈,

까마귀가 　꽁지　를 흔들며 깍깍!

⭐ 다음에 올 말로 알맞은 것을 따라 쓰고, 미로 길을 가 보세요.

① 돼지
ㄱ. 꽁지 ㄱ. 꽁지
② 금붕어
ㄴ. 꼬리
ㄴ. 꼬리 ㄱ. 꼬리
ㄴ. 꽁지 ③ 흔드는 공작새

⭐ 다음을 따라 쓰고, 알맞은 것끼리 연결해 보세요.

고양이 • • 꼬리 • • 사자
부엉이 • • 꽁지 • • 제비
코끼리 • • • 수탉

⭐ 마지막으로 따라 쓰며 맞춤법을 기억해요.

호랑이는 꼬리, 까치는 꽁지.

정답
미로 ㄴ-ㄱ-ㄴ-ㄴ-ㄱ-ㄴ-ㄴ-3 / 연결하기 꼬리(고양이, 코끼리, 사자) 꽁지(부엉이, 제비, 수탉)

늘이다 VS 늘리다

늘이다는 고무줄, 엿가락 등을 원래보다 더 길어지게 한다는 뜻이에요.
늘리다는 시간, 학생 수처럼 물체의 넓이나 부피를 원래보다 커지게 하거나, 개수나 양을 많아지게 한다는 뜻이에요.

 고무줄을 당겨 늘여서 놀자.

 참 재밌다. 시간을 더 늘려서 놀자.

⭐ 다음에 올 말로 알맞은 것을 따라 쓰고, 미로 길을 가 보세요.

⭐ 문장의 틀린 부분을 바르게 고쳐 보세요.

① 공부 시간을 30분 늘이자.　➡

② 고무 인형을 잡아당겨 늘렸어.　➡

③ 학원에서 학생 수를 늘였대.　➡

⭐ 마지막으로 따라 쓰며 맞춤법을 기억해요.

고무줄은 늘이고,

고무줄놀이 시간은 늘리고.

다르다 VS 틀리다

다르다는 둘이 서로 같지 않다는 뜻이고, 반대말은 '같다'예요. '생김새가 다르다'처럼 써요. 틀리다는 사실이 옳지 못하거나 어긋난다는 뜻이에요. 반대말은 '맞다'이고, '계산이 틀리다'처럼 쓰지요.

 시험 문제 다 틀렸다!

 나는 백 점, 너와는 다르다!

⭐ 다음에 올 말로 알맞은 것을 따라 쓰고, 미로 길을 가 보세요.

⭐ 알맞은 단어를 따라 쓰며 문장을 완성해 보세요.

① 오늘 날씨는 어제와 다르다 / 틀리다 .

② 소고기와 돼지고기는 맛이 달라요 / 틀려요 .

③ 계산이 다른 / 틀린 학생은 답을 고쳐요.

⭐ 마지막으로 따라 쓰며 맞춤법을 기억해요.

답이 서로 다른걸. 누가 틀렸을까?

두껍다 vs 두텁다

두껍다는 옷이나 입술 등의 두께가 보통의 정도보다 크다는 뜻이에요.
두텁다는 믿음, 관계, 인정 등이 굳고 깊다는 뜻이지요.

 두 꺼 운 책이어서 무거워.

 우리의 두 터 운 우정을 위해 내가 도와줄게.

다음에 올 말로 알맞은 것을 따라 쓰고, 미로 길을 가 보세요.

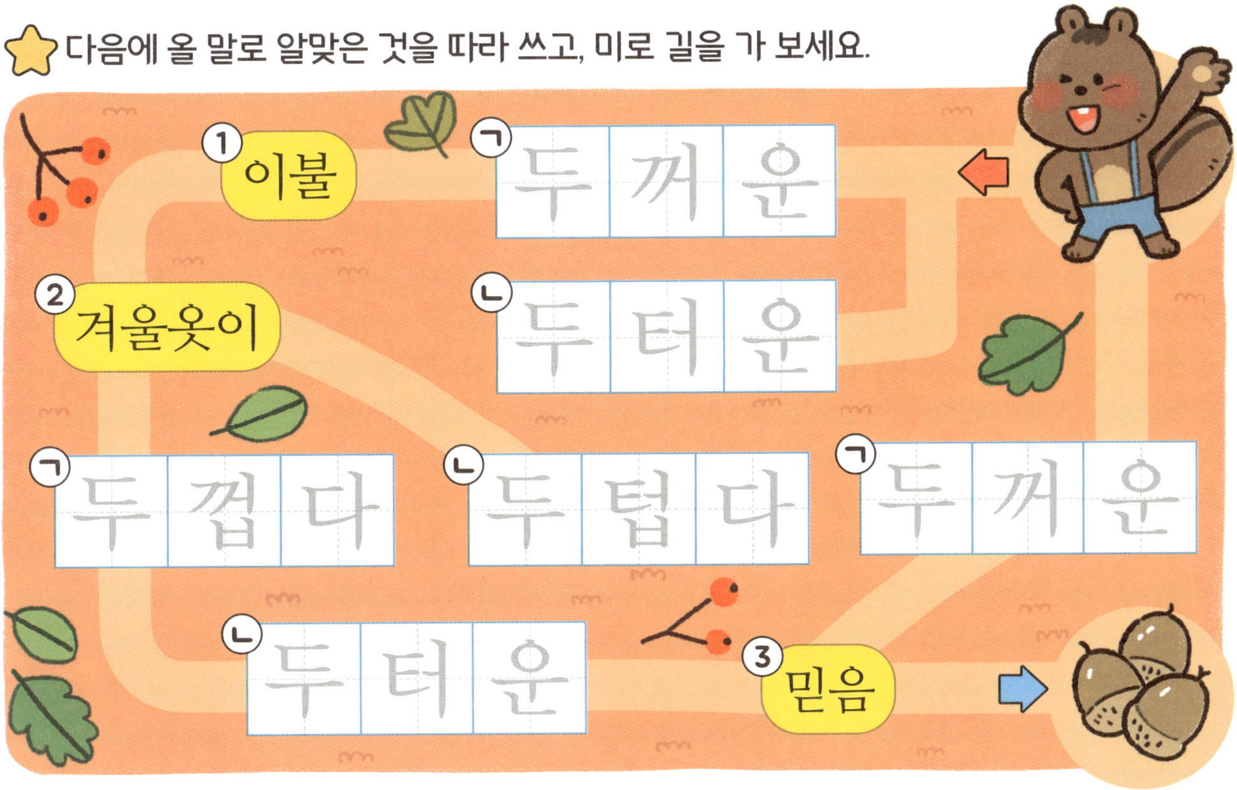

㉠ 두꺼운
① 이불
② 겨울옷이
㉡ 두터운
㉠ 두껍다
㉡ 두텁다
㉠ 두꺼운
㉡ 두터운
③ 믿음

다음을 따라 쓰고, 알맞은 그림과 연결해 보세요.

①

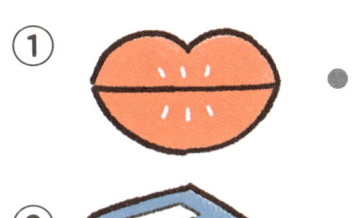

②

③

㉠ 내 입술은 두껍다.

㉡ 우리 가족은 관계가 두텁다.

㉢ 공책이 두껍다.

마지막으로 따라 쓰며 맞춤법을 기억해요.

보이면 두껍고, 안 보이면 두텁다.

정답 미로 ㄱ-1-2-ㄴ-ㄴ-3 / 연결하기 1-ㄱ, 2-ㄷ, 3-ㄴ

비추다 vs 비치다

비추다는 가로등이나 달빛처럼 빛을 내는 것이 다른 물건에 빛을 보내어 밝게 한다는 뜻이에요. **비치다**는 빛이 나서 환하게 되거나, 빛을 받아 모양, 그림자 등이 나타나 보인다는 뜻이에요. '창문에 그림자가 비치다'처럼 쓰지요.

손전등으로 깜깜한 동굴을 비추면

박쥐가 불빛에 비쳐서 깜짝 놀랄 거야.

윗- VS 웃-

윗-과 웃- 모두 다른 단어 앞에 붙어 '위'라는 뜻을 더해 줘요. '아래'와 반대되는 말이 있는 단어는 '윗-'으로, 없는 단어는 '웃-'으로 쓰지요. 즉, '윗니-아랫니', '윗도리-아랫도리'처럼 짝이 있으면 '윗-'으로, '아랫어른', '아랫돈' 같은 말은 없으니까 '웃어른', '웃돈'은 '웃-'으로 쓰는 거예요.

 윗 도리, 아랫도리 다 차려입고 어디 가니?

 웃 어른께 세배하러 가요.

⭐ 알맞은 단어를 따라 쓰고, 미로 길을 가 보세요.

윗니 윗입술
웃니 웃입술
윗어른
웃어른

⭐ 빈칸에 공통으로 들어갈 말을 고르고, 문장을 완성해 보세요.

☐ 사람께 인사해요.   ☐ 집에서 놀았다.
☐ 물이 맑다.   ☐ 몸 일으키기.

① 웃   ② 윗   ③ 위

⭐ 마지막으로 따라 쓰며 맞춤법을 기억해요.

윗 집에는 웃 어른이 살고 계셔.

이 VS 이빨

이는 척추동물의 입안에 있으며 무엇을 물거나 음식물을 씹는 역할을 해요.
이빨은 '이'를 낮잡아 이르는 말이에요. 사람에게는 '이빨'이라는 말을 쓰면 안 되지요.

하얀  가 보이게 활짝 웃으세요.

호랑이도 누런 이빨 이 보이게 김치!

다음에 올 말로 알맞은 것을 따라 쓰고, 미로 길을 가 보세요.

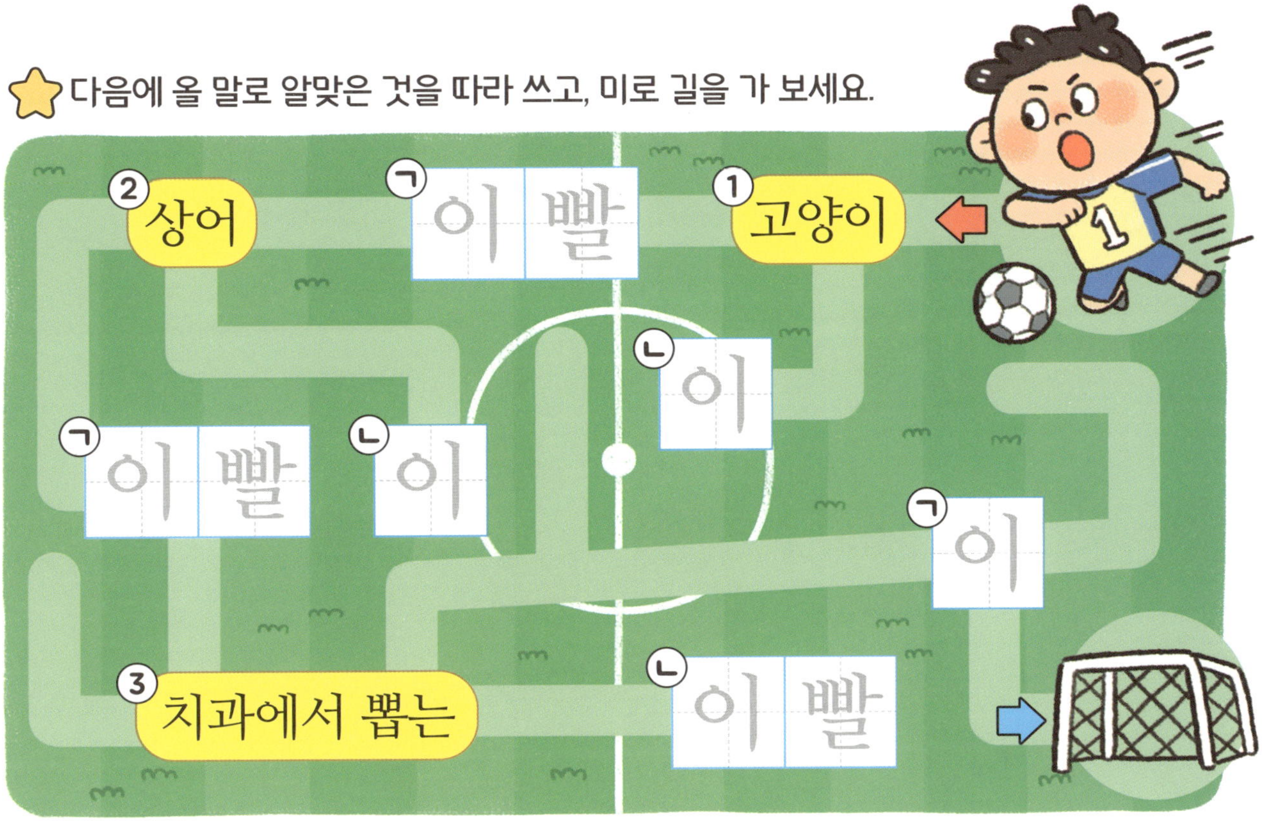

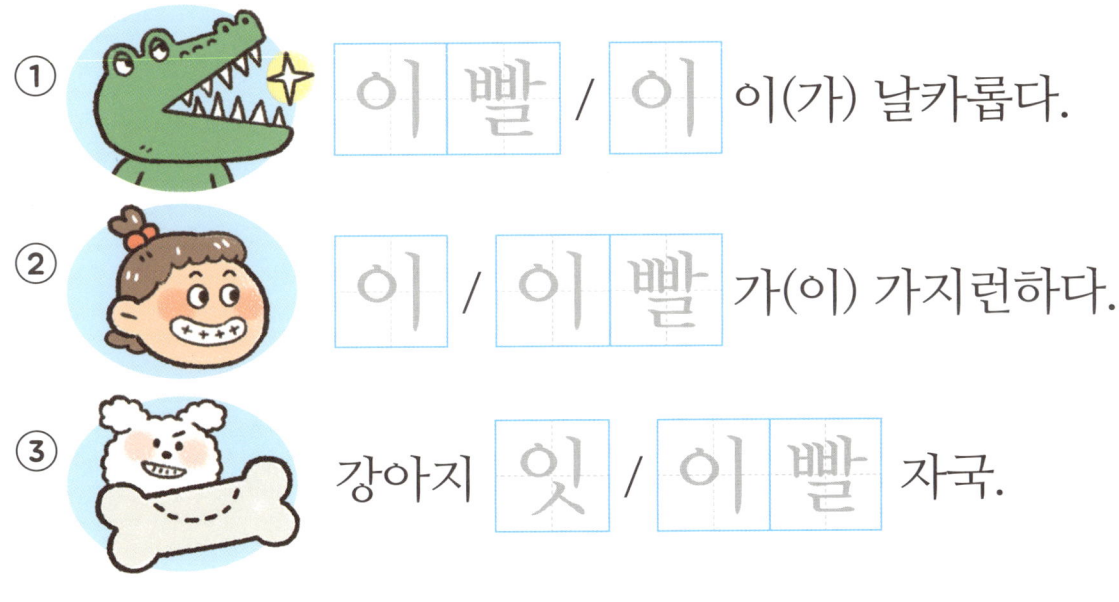

그림을 보고, 알맞은 단어를 따라 쓰며 문장을 완성해 보세요.

①
이빨 / 이 이(가) 날카롭다.

②
이 / 이빨 가(이) 가지런하다.

③
강아지 잇 / 이빨 자국.

마지막으로 따라 쓰며 맞춤법을 기억해요.

이 가 아프면 치과, 이빨 이 아프면 동물 병원.

정답 미로 1-ㄱ-2-ㄴ-3-ㄴ / 문장 완성하기 1.이빨 2.이 3.이빨

작다 vs 적다

작다는 '키가 작다', '옷이 작다'처럼 크기를 나타내며, '크다'가 반대말이에요.
적다는 '용돈이 적다', '학생 수가 적다'처럼 개수를 나타내며, 반대말은 '많다'이지요.

 작년에 산 바지가 올해는 .

 난 밥을  먹어도 뱃살은 오동통해.

⭐ 다음에 올 말로 알맞은 것을 따라 쓰고, 미로 길을 가 보세요.

⭐ 알맞은 단어를 따라 쓰고, 그림과 연결해 보세요.

ㄱ 나는 형보다 키가 작다 / 적다 .

ㄴ 딸기보다 귤의 개수가 작다 / 적다 .

⭐ 마지막으로 따라 쓰며 맞춤법을 기억해요.

키가 작다고 밥을 적게 먹지는 않아.

-장이 VS -쟁이

-장이는 '어떤 기술을 가진 사람'이라는 뜻이에요. 구두를 만드는 기술자는 '구두장이', 간판을 만드는 기술자는 '간판장이'이지요. **-쟁이**는 '어떤 특성을 가진 사람'이라는 뜻이에요. 거짓말을 잘하면 '거짓말쟁이', 떼를 잘 쓰면 '떼쟁이'이지요.

구두 장이 가 만든 예쁜 구두만 있다면

멋 쟁이 요정이 될 수 있을 텐데.

⭐ 다음에 올 말로 알맞은 것을 따라 쓰고, 미로 길을 가 보세요.

⭐ 알맞은 단어를 따라 쓰며 이야기를 완성해 보세요.

내 동생은 떼쟁이 / 떼장이 다.

욕심 많은 욕심장이 / 욕심쟁이 다.

겁 많은 겁쟁이 / 겁장이 다.

⭐ 마지막으로 따라 쓰며 맞춤법을 기억해요.

우리 동네 도장 장이 아저씨는 고집 쟁이.

가르치다 vs 가리키다

가르치다는 말로 공부 등을 깨닫거나 익히게 한다는 뜻이에요. '문제 좀 가르쳐 줘', '공부 방법을 가르쳐 줘'처럼 써요. **가리키다**는 손가락 등으로 어떤 곳을 집어서 알려 준다는 뜻이에요. '표지판을 가리키다', '칠판을 가리키다'처럼 쓰지요.

 술래잡기하는 법을 　가　르　쳐　 줘.

 내가 　가　리　키　는　 나무에 서서 눈을 감아 봐.

다음에 올 말로 알맞은 것을 따라 쓰고, 미로 길을 가 보세요.

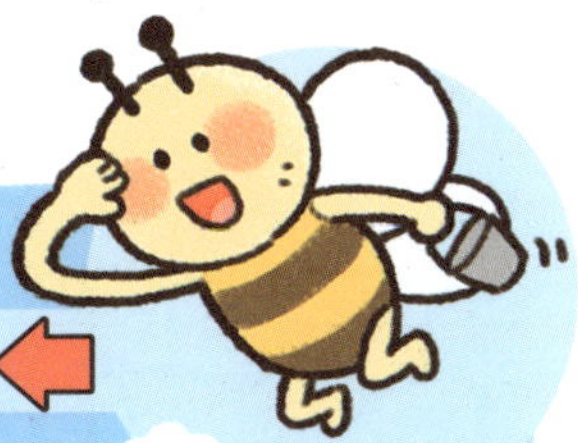

① 선생님이 수학을

ㄱ 가리켰다

ㄴ 가르쳤다

ㄱ 가리켰어

② 저쪽을

ㄱ 가리키다

ㄴ 가르치다

③ 맞춤법을

ㄴ 가르쳤어

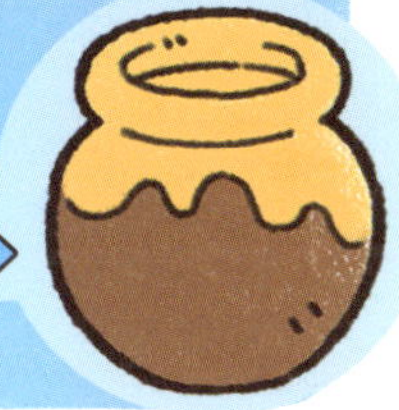

알맞은 단어를 따라 쓰며 문장을 완성해 보세요.

① 자전거를 가르쳐 / 가리켜 주셨다.

② 손가락으로 가르친 / 가리킨 길로 갔다.

③ 종이접기를 가르쳐 / 가리켜 줘.

마지막으로 따라 쓰며 맞춤법을 기억해요.

숫자를 가리키며

동생을 가르쳐요.

정답 미로 1-ㄴ-2-ㄱ-3-ㄴ / 문장 완성하기 1.가르쳐 2.가리킨 3.가르쳐

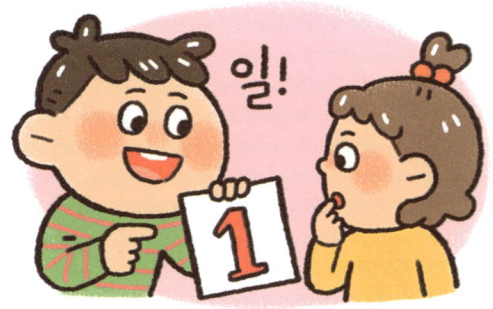

맞추다 VS 맞히다

맞추다는 떨어져 있는 부분을 제자리에 맞게 대어 붙이거나, 대상들을 나란히 놓고 비교하여 살핀다는 뜻이에요. '줄을 맞추다', '퍼즐을 맞추다'처럼 써요.

맞히다는 문제에 대한 답을 틀리지 않게 하거나, 물체를 쏘거나 던져 다른 물체에 닿게 한다는 뜻이에요. '정답을 맞히다', '과녁을 맞히다'처럼 쓰지요.

모두 바르게 줄을 맞춰 섰나요?

그럼 활을 쏴서 과녁을 맞히세요.

다음에 올 말로 알맞은 것을 따라 쓰고, 미로 길을 가 보세요.

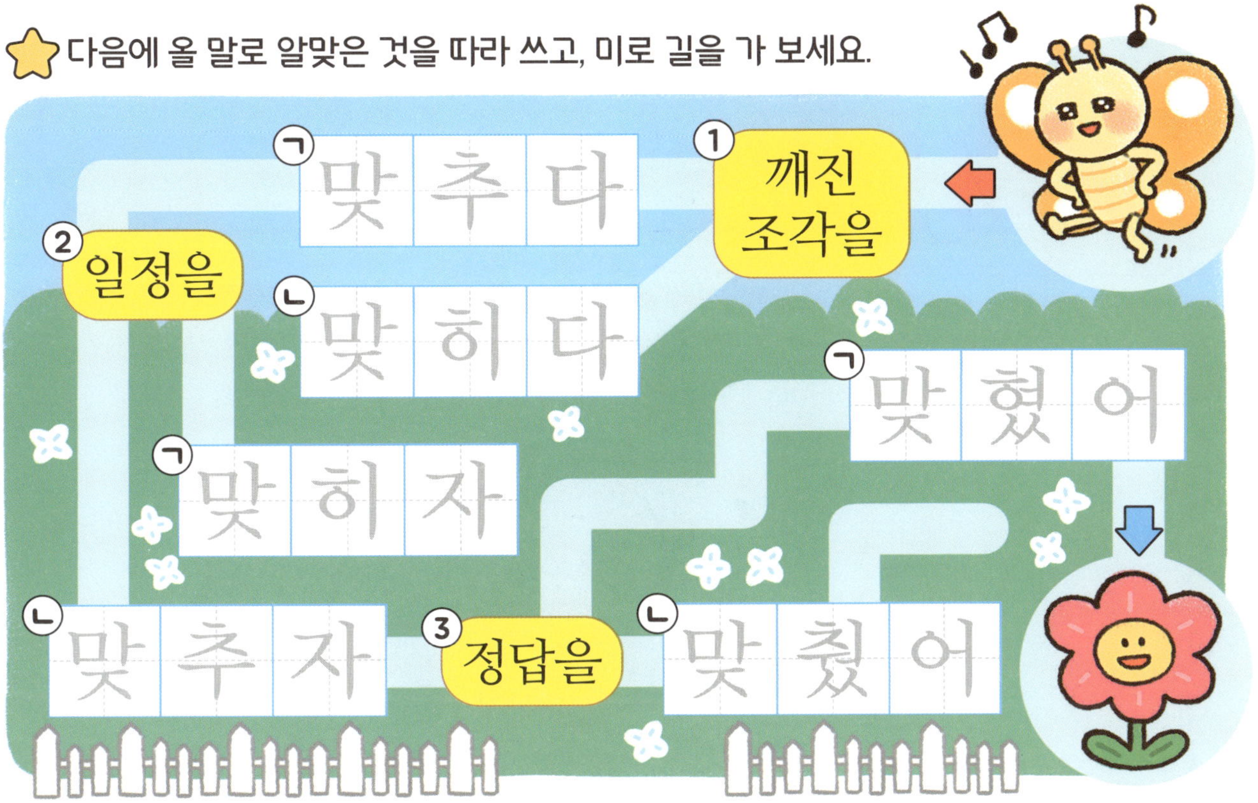

1 깨진 조각을
ㄱ 맞추다
ㄴ 맞히다
2 일정을
ㄱ 맞히자
ㄴ 맞추자
3 정답을
ㄱ 맞혔어
ㄴ 맞췄어

문장의 틀린 부분을 바르게 고쳐 보세요.

① 수수께끼를 맞추면 사탕을 줄게. ➡ ☐☐☐

② 스티커를 정확한 위치에 맞혀 붙이자. ➡ ☐☐

③ 우리 퀴즈 맞추면서 놀자. ➡ ☐☐☐☐

마지막으로 따라 쓰며 맞춤법을 기억해요.

퍼즐 맞추기가 끝나면

정답을 맞혀 볼까요?

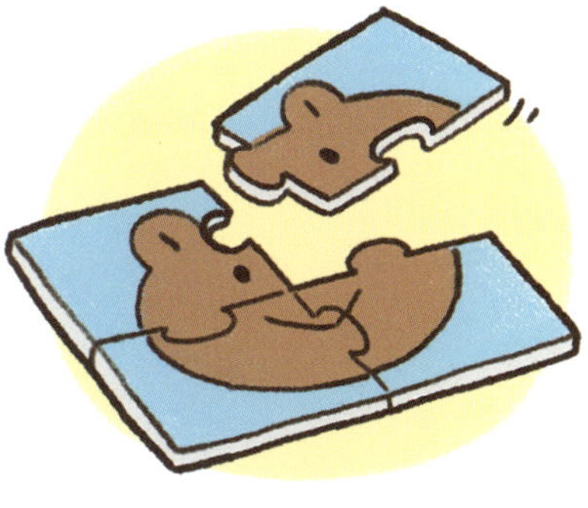

정답 미로 ㄱ-ㄴ-2-ㄴ-3-ㄱ / 틀린 부분 고치기 1.맞히면 2.맞춰 3.맞히면서

싸다 VS 쌓다

싸다는 물건을 안에 넣고 보이지 않게 씌우거나, 상자, 가방, 천 등을 이용해서 꾸린다는 뜻이에요. '포장지로 싸다', '이삿짐을 싸다'처럼 써요. **쌓다**는 여러 개의 물건을 겹겹이 포개어 놓는다는 뜻이에요. '모래성을 쌓다', '탑을 쌓다'처럼 쓰지요.

재료를 쌓아 놓고 무얼 만드세요?

맛있는 도시락을 싸 주려고 김밥 만들지.

⭐ 다음에 올 말로 알맞은 것을 따라 쓰고, 미로 길을 가 보세요.

ㄱ 쌓인	ㄱ 싸다	① 모래성을
② 보자기에		ㄴ 쌓다
ㄴ 싸인		ㄱ 싸인
꿀단지	③ 나무로 둘러	ㄴ 쌓인

집

⭐ 알맞은 단어를 따라 쓰고, 그림과 연결해 보세요.

ㄱ 낙엽이 쌓였다 / 싸였다 .

ㄴ 돌이 차곡차곡 싸여 / 쌓여 있다.

ㄷ 책가방 싸자 / 쌓자 !

⭐ 마지막으로 따라 쓰며 맞춤법을 기억해요.

눈 쌓인 겨울날, 떠나려고 짐을 싸요 .

집다 vs 짚다

집다는 손가락, 발가락, 도구로 물건을 잡아서 든다는 뜻이에요. '연필을 집다', '젓가락으로 반찬을 집다'처럼 써요. 짚다는 바닥, 벽, 지팡이 등에 몸을 의지하거나 손으로 가볍게 눌러 댄다는 뜻이에요. '지팡이를 짚다', '이마를 짚다'처럼 쓰지요.

 마귀할멈이 지팡이를  가네.

 아니야! 집게로 쓰레기를  거야.

⭐ 다음에 올 말로 알맞은 것을 따라 쓰고, 미로 길을 가 보세요.

할아버지 ㄱ 짚은   ① 지팡이를
② 목발을 ㄱ 짚고   ㄴ 집은
ㄴ 집고   가다   ㄱ 집다
③ 젓가락으로 반찬을   ㄴ 짚다

⭐ 알맞은 단어를 따라 쓰며 문장을 완성해 보세요.

① 넘어져도 땅을 집고 / 짚고 일어나.

② 집게로 밤송이를 짚어 / 집어 담았어요.

③ 이마를 집어 / 짚어 보니 뜨거웠어.

⭐ 마지막으로 따라 쓰며 맞춤법을 기억해요.

집게로 집다, 지팡이로 짚다.

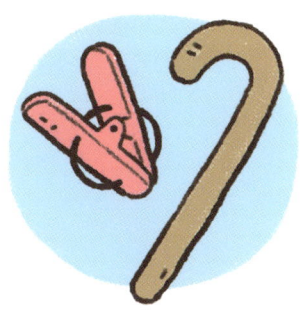

채 vs 체 vs -째

채는 이미 있는 상태 그대로 있다는 뜻이에요. '옷을 입은 채', '벽에 기댄 채'처럼 써요.
체는 그럴듯하게 꾸미는 거짓 태도나 모양이에요. '못 본 체', '아는 체'처럼 쓰지요.
-째는 '그릇째', '뿌리째', '껍질째'처럼 쓰며, 앞말 그대로나 전부의 뜻을 더하는 말이에요.

손을 안 씻은 채 포도를 껍질째 먹는 동생아.

정말 모른 체 하고 혼자 다 먹을 거니?

⭐ 다음에 올 말로 알맞은 것을 따라 쓰고, 미로 길을 가 보세요.

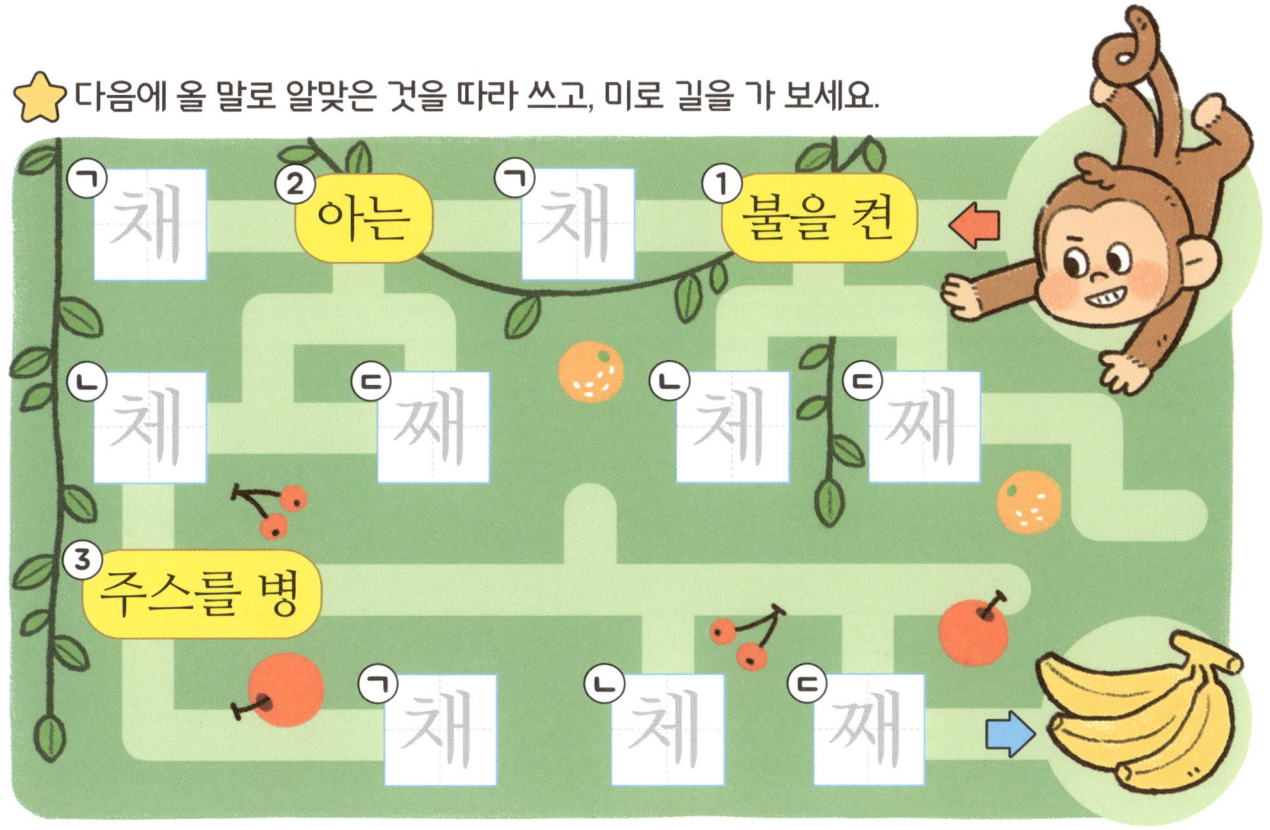

⭐ 그림을 보고, 알맞은 단어를 따라 쓰며 문장을 완성해 보세요.

① 무를 뿌리 채 / 째 로 뽑는다.

② 신발을 신은 채 / 체 로 들어왔다.

③ 못 본 체 / 째 하지 마.

⭐ 마지막으로 따라 쓰며 맞춤법을 기억해요.

창문을 활짝 연 채, 사과를 통째 로 먹으며

잘난 체 하는 백발 마녀!

자주 틀리는 맞춤법

간지르다 ✗ / 간질이다 ⭕

살을 문지르거나 건드려 간지럽게 한다는 뜻이에요.

동생 옆구리를 **간질이다**.

같애요 ✗ / 같아요 ⭕

'같다'의 '같-' 뒤에 '-아요'가 붙은 말이에요.

내 짝꿍은 개그맨 **같아요**.

꺼 ✗ / 거 ⭕

'것'과 같은 말이에요. 그 사람이 가진 물건을 뜻해요.

호빵은 내 **거**, 붕어빵은 네 **거**.

궁시렁거리다 ✗ / 구시렁거리다 ⭕

못마땅하여 군소리를 자꾸 한다는 말이에요.

간식을 안 줬더니 **구시렁거렸다**.

귀뜸 ❌ / 귀띔 ⭕

눈치챌 수 있도록 슬그머니 일깨워 준다는 뜻이에요.

나한테만 살짝 귀띔 해 줘.

그리고 나서 ❌ / 그러고 나서 ⭕

'-고 나서'는 동사 뒤에만 올 수 있어요.
'그리고'는 부사예요.

홀딱 벗어요.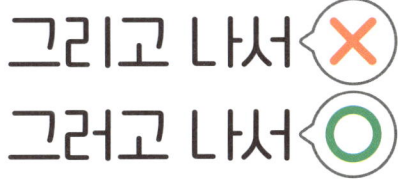

그러고 나서 욕조에 첨벙!

깡총깡총 ❌ / 깡충깡충 ⭕

짧은 다리를 모으고 힘 있게 솟구쳐 뛰는 모양이에요.

토끼처럼 깡충깡충!

낼름 ❌ / 날름 ⭕

혀, 손 등을 날쌔게 내밀었다 들이는 모양이에요.

고양이가 혀를 날름 내밀었다.

내노라하다 ❌ / 내로라하다 ⭕

어떤 분야를 대표할 만하다는 뜻이에요.

| 내 | 로 | 라 |
| 하 | 는 | |

축구 선수 들이 한자리에 모였다.

널부러지다 ❌ / 널브러지다 ⭕

너저분하게 흐트러지거나, 몸이 축 늘어진다는 뜻이에요.

잠이 와서 소파에

| 널 | 브 | 러 |
| 지 | 다 | |

.

너가, 니가 ❌ / 네가 ⭕

'너' 뒤에 '가'가 붙으면 무조건 '네가'로 써요.

이번 판 술래는

| 네 | 가 |

해.

느즈막하다 ❌ / 느지막하다 ⭕

시간이나 기한이 매우 늦다는 뜻이에요.

우리는

| 느 | 지 | 막 |
| 하 | 게 | |

휴가를 갔다.

-ㄹ려고 ✗ / -려고 ○

동사 뒤에 '-려고'를 붙일 때, 동사는 그대로 둬야 해요.
예) 하다→하려고, 쓰다→쓰려고

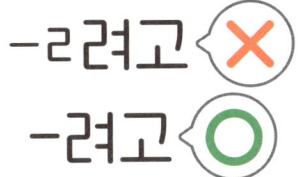

이제 숙제를 시작 하 려 고 했어요.

바껴 ✗ / 바뀌어 ○

'바뀌어'는 '바껴'로 줄여 쓸 수 없어요.

파란불로 바 뀌 어 서 길을 건넜어.

방구 ✗ / 방귀 ○

흔히 '방구'라는 말을 쓰지만, '방귀'가 표준말이에요.

자꾸 방 귀 가 뿡뿡 나와요.

수근수근 ✗ / 수군수군 ○

남이 알아듣지 못하도록 가만가만 이야기하는 소리예요.

누가 수 군 수 군 떠드니?

애기 ✕	저희 나라 ✕
아기 ○	우리나라 ○

어린 젖먹이 아이를 뜻하는 말이에요.

나라에는 우열이 없기 때문에 자기 나라를 낮추어 말하지 않아요.

우리 아 기 , 까꿍!

우 리 나 라 의 국기는 태극기입니다.

웅큼 ✕	일부로 ✕
움큼 ○	일부러 ○

손으로 한 줌 움켜쥘 만한 정도를 말해요.

'어떤 목적이나 생각을 가지고'라는 뜻이에요.

젤리를 한 움 큼 가져가렴.

일 부 러 그런 건 아니야.

챙피 ✗ / 창피 ○

남 앞에서 떳떳하지 못한 일을 당한 것에 대한 부끄러움을 뜻해요.

그 애 앞에서 넘어진 게 창피 해.

하구요 ✗ / 하고요 ○

흔히 '하구요'라는 말을 쓰지만, '하고요'가 표준말이에요.

저는 노래를 잘 하고요 춤도 잘 춰요.

햇님 ✗ / 해님 ○

'해'를 사람처럼 대하며 높이거나 다정하게 부르는 말이에요.

해님 이 구름 속으로 들어가 버렸어요.

희안하다 ✗ / 희한하다 ○

매우 드물거나 신기하다는 뜻이에요.

분명히 여기 있었는데 희한하다 .

-대 vs -데

-대는 '-다고 해'가 줄어든 말이에요. '오늘 비 온대'처럼 직접 겪은 사실이 아니라 남의 말을 전달할 때 써요. -데는 '-더라'와 같은 뜻으로, '공부를 잘하데'처럼 직접 겪은 사실을 나중에 알릴 때 써요.

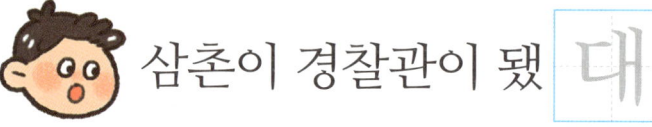
삼촌이 경찰관이 됐 대 .

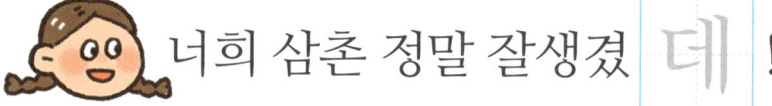
너희 삼촌 정말 잘생겼 데 !

⭐ 다음에 올 말로 알맞은 것을 따라 쓰고, 미로 길을 가 보세요.

⭐ 알맞은 단어를 따라 쓰며 말풍선 속 문장을 완성해 보세요.

첫눈은 언제 온 대 / 데 ?

밖을 보니 밤사이에 왔 대 / 데 .

내일 또 온 대 / 데 !

⭐ 마지막으로 따라 쓰며 맞춤법을 기억해요.

눈이 많이 왔 데 . 눈사람은 만들었 대 ?

되 vs 돼

되와 돼는 모두 '되다'라는 뜻을 갖고 있어요. 돼는 '되어'의 줄임 말이지요.
어느 것을 써야 할지 헷갈리는 곳에 '되어'를 넣어 말이 되면 '돼', 그렇지 않으면 '되'로 써요.
'돼', '안 돼'처럼 혼자 쓰거나, 문장 끝에 쓸 때는 무조건 '돼'를 쓴답니다.

 나는 커서 슈퍼맨이  고 싶어.

 바지 위에 팬티를 입을 용기만 있으면 .

⭐ 다음에 올 말로 알맞은 것을 따라 쓰고, 미로 길을 가 보세요.

① 됐어요 — 반장이
② 함부로 버리면 안 — 됐어요
ㄱ 되 ㄴ 돼
③ 얼음이 녹아 물이 — ㄱ 돼다 ㄴ 되다

⭐ 알맞은 단어를 따라 쓰며 일기를 완성해 보세요.

내 친구가 쓰레기를 길에 버려도 됀 / 된 다고 말했다. 그래서 난 오늘 친구한테 실망하게 됬 / 됐 다.

⭐ 마지막으로 따라 쓰며 맞춤법을 기억해요.

'되어'는 '돼'라는 걸 잊으면 안 돼.

-든지 vs -던지

-든지는 '걷든지 차를 타든지'처럼 어느 것이든 선택할 수 있을 때 써요.
-던지는 뒤에 오는 문장의 사실과 관련시킬 때 써요.
'얼마나 많이 먹던지 배탈이 났다'처럼 말이지요.

 콩떡을 먹 든지 꿀떡을 먹 든지.

 둘 다 어찌나 맛있 던지 모두 먹을래.

들르다는 '가는 길에 문방구에 들르다'처럼 지나는 길에 잠깐 들어가 머무른다는 뜻이에요. 들리다는 '음악 소리가 시끄럽게 들리다'처럼 귀를 통해 소리가 알아차려진다는 뜻이에요.

 집에 가다가 병원에 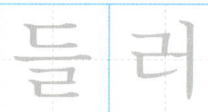 주사 맞자.

 으악! 벌써 아이들 울음소리가 들려 와요.

띠다 VS 띄다

띠다는 빛깔이나 색채 등을 가지거나 감정이나 기운 등을 나타낸다는 뜻이에요. '노란색을 띠다', '미소를 띠다'처럼 쓰지요. **띄다**는 '뜨이다'의 줄임 말로 눈에 보이거나, 다른 사람보다 훨씬 두드러진다는 뜻이에요. '눈에 띄지 않다'처럼 쓰지요.

내 잘생긴 얼굴로 미소를 띠면,

눈부시니까 친구들 눈에 잘 띄겠지?

⭐ 다음에 올 말로 알맞은 것을 따라 쓰고, 미로 길을 가 보세요.

⭐ 그림을 보고, 알맞은 단어를 따라 쓰며 문장을 완성해 보세요.

① 늘 웃음을 띤 / 띤 얼굴.

② 화려한 옷이 눈에 띈다 / 띤다.

③ 노란빛을 띈 / 띤 개나리.

⭐ 마지막으로 따라 쓰며 맞춤법을 기억해요.

특징을 드러내는 건 띠는 것,

그래서 보이는 건 눈에 띄는 것!

메다 VS 매다

메다는 '가방을 메다', '배낭을 메다'처럼 어깨에 걸치거나 올려놓는다는 뜻이에요.
매다는 '끈을 매다', '허리띠를 매다'처럼 줄의 두 끝을 걸어 풀어지지 않게 만든다는 뜻이에요.

거북아, 가방 메고 어디 가니?

지네야, 신발 끈 매고 따라와!

바라다 VS 바래다

바라다는 바람대로 어떤 일이 이루어지거나, 원하는 것을 가졌으면 하고 생각한다는 뜻이에요. '성공하길 바라다', '용돈을 바라다'처럼 써요. **바래다**는 햇볕이나 물기를 받아 색이 변한다는 뜻이에요. '색이 바래다', '종이가 누렇게 바래다'처럼 쓰지요.

 누렇게 바랜 사진 속 할머니는 예뻐요!

 그땐 네 할아버지가 나와의 결혼만을 바랐지.

다음에 올 말로 알맞은 것을 따라 쓰고, 미로 길을 가 보세요.

1. 다시 만나기를
   - ㄱ 바라
   - ㄴ 바래
2. 엄마가
   - ㄱ 바라는 소원
   - ㄴ 바래는
3. 옷이 누렇게
   - ㄱ 바랐어
   - ㄴ 바랬어

알맞은 단어를 따라 쓰며 문장을 완성해 보세요.

① 어려운 친구를 도와주길 바라 / 바래.

② 자전거를 사 주길 바라요 / 바래요.

③ 오래돼서 빛 바란 / 바랜 벽지를 뜯었다.

마지막으로 따라 쓰며 맞춤법을 기억해요.

누렇게 색이 바랜 오래된 상장,

올해는 새 상장을 받길 바라.

정답 미로 1-ㄱ-2-ㄱ-3-ㄴ / 문장 완성하기 1.바라 2.바라요 3.바랜

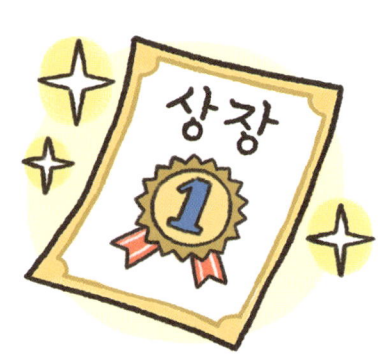

베다 VS 배다

베다는 날이 있는 물건으로 무엇을 자르거나, 누울 때 베개 등을 머리 아래에 받친다는 뜻이에요. '풀을 베다', '베개를 베다'처럼 써요.

배다는 스며들거나 스며 나온다는 뜻이에요. '옷에 땀이 배다', '냄새가 배다'처럼 쓰지요.

나무꾼이 숲에서 나무를 베다 잠들었대.

한참 자다 깼더니 몸에 꽃향기가 배었대.

⭐ 다음에 올 말로 알맞은 것을 따라 쓰고, 미로 길을 가 보세요.

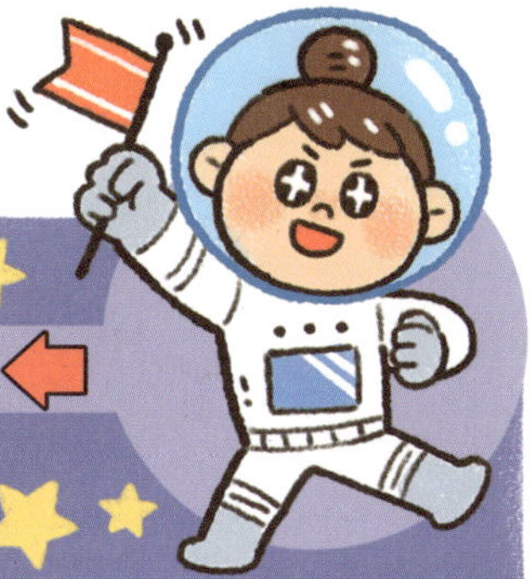

① 유리에 손을 — ㄱ 베다 / ㄴ 배다
② 옷에 김치 국물이 — ㄱ 베다 / ㄴ 배다
③ 무릎을 — ㄱ 베고 / ㄴ 배고 — 눕다
ㄴ 배다

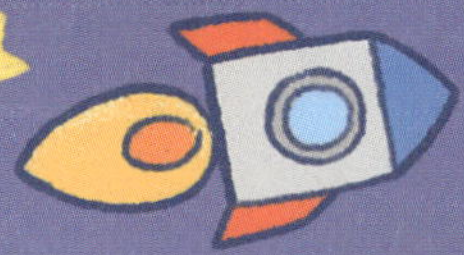

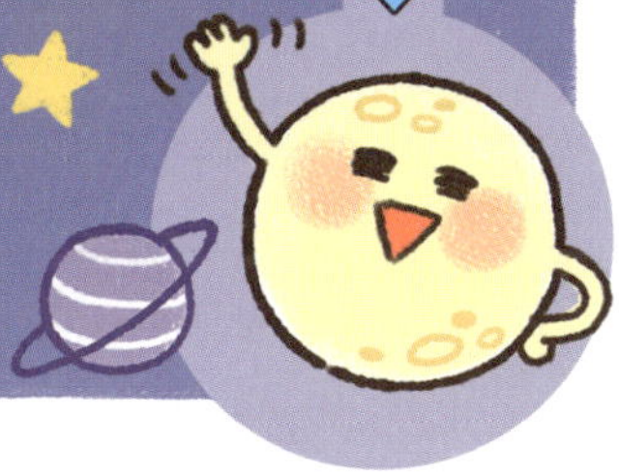

⭐ 알맞은 단어를 따라 쓰고, 그림과 연결해 보세요.

①

②

③

㉠ 베개를 배다 / 베다 .

㉡ 냄새가 옷에 배었어 / 베었어 .

㉢ 풀을 배다 / 베다 .

⭐ 마지막으로 따라 쓰며 맞춤법을 기억해요.

열심히 잡초를 벴다 . 옷에 땀이 흠뻑 뱄다 .

봉오리 VS 봉우리

봉오리는 망울만 맺히고 아직 피지 않은 꽃이에요. '봉오리가 맺히다', '장미꽃 봉오리'처럼 쓰지요. **봉우리**는 산에서 뾰족하게 높이 솟은 부분이에요. '높은 봉우리에 오르다', '한라산 봉우리'처럼 쓰지요.

저 산 봉우리 에는 무엇이 있을까?

활짝 피어날 예쁜 꽃 봉오리 가 있겠지.

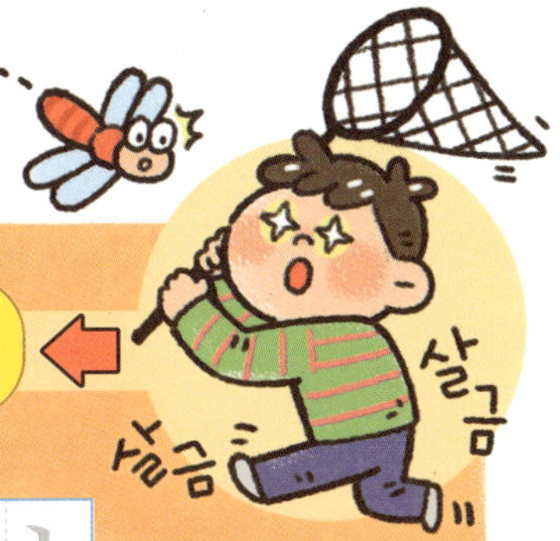

⭐ 다음에 올 말로 알맞은 것을 따라 쓰고, 미로 길을 가 보세요.

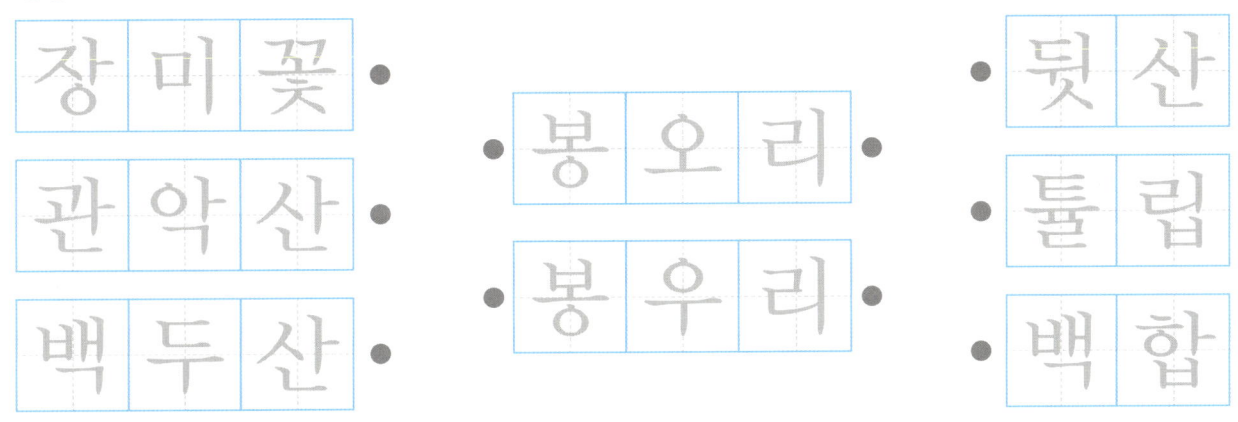

⭐ 다음을 따라 쓰고, 알맞은 것끼리 연결해 보세요.

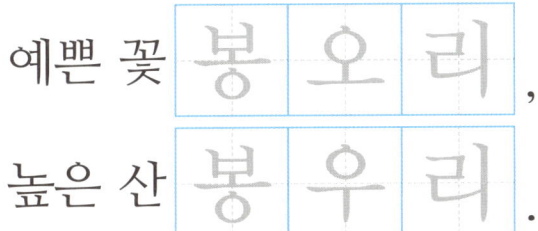

⭐ 마지막으로 따라 쓰며 맞춤법을 기억해요.

예쁜 꽃 봉오리,
높은 산 봉우리.

부수다 vs 부시다

부수다는 단단한 물체를 여러 조각으로 깨뜨리거나 못 쓰게 만든다는 뜻이에요. '돌을 잘게 부수다', '문을 부수다'처럼 써요. **부시다**는 '눈이 부시다'처럼 빛이 강렬하여 마주 보기 어렵다는 뜻이에요. 그릇 등을 씻어 깨끗하게 한다는 뜻으로도 써요.

 눈이 부신 날엔 선글라스를 끼자!

 헉, 그거 내가 어제 밟아서 부쉈어.

⭐ 다음에 올 말로 알맞은 것을 따라 쓰고, 미로 길을 가 보세요.

⭐ 문장의 틀린 부분을 바르게 고쳐 보세요.

① 얼음을 잘게 부시다.

② 그릇을 깨끗하게 부숴 놓으렴.

③ 사탕을 오도독 깨물어 부신다.

④ 열쇠가 없어 문짝을 부셨어.

⭐ 마지막으로 따라 쓰며 맞춤법을 기억해요.

눈이 부신 날, 고릴라가 동물원

벽을 부숴 버리고 탈출!

세다 VS 새다

세다는 힘이나 기세 등이 강하다는 뜻이에요. '주먹이 세다'처럼 써요. 또 숫자를 헤아린다는 뜻도 있어요. **새다**는 '지붕에서 비가 새다', '불빛이 새다'처럼 틈이나 구멍으로 조금씩 나가거나 나온다는 뜻이에요.

 풍선을 세 게 불어도 쭈글쭈글하잖아!

 구멍 난 곳으로 바람이 다 새 고 있어!

⭐ 다음에 올 말로 알맞은 것을 따라 쓰고, 미로 길을 가 보세요.

② 불길이 ㄱ 세 다   ① 고집이
         ㄴ 새 다
                          ㄱ 샌 다
    ㄱ 세 다
    ㄴ 새 다   ③ 수도꼭지에 ㄴ 센 다
              물이

⭐ 알맞은 단어를 따라 쓰며 일기를 완성해 보세요.

소풍날인데 찬바람이 세 게 / 새 게 불었다.

가방을 세 게 / 새 게 내려놓아 도시락

국물도 다 셌 다 / 샜 다 .

⭐ 마지막으로 따라 쓰며 맞춤법을 기억해요.

힘은 세 다 , 물은 틈으로 샌 다 .

왠 vs 웬

왠지는 '왜인지'의 줄임 말로, '왜 그런지 모르게', '뚜렷한 이유도 없이'라는 뜻이에요. '왠'으로 쓸 수는 없고 무조건 '왠지'라고만 써야 해요. **웬**은 '어찌 된', '어떠한'이라는 뜻이에요. '웬 날벼락', '웬일이야', '웬만하면'처럼 쓰임이 매우 다양해요.

 엄마한테 장미꽃을 주다니  이니?

 오늘은  기분이 좋아서요.

⭐ 다음에 올 말로 알맞은 것을 따라 쓰고, 미로 길을 가 보세요.

⭐ 알맞은 단어를 따라 쓰며 일기를 완성해 보세요.

오늘은 왠지 / 웬지 슬펐다. 친구랑 싸워서 그런 것 같다. 왠만하면 / 웬만하면 싸우지 말았어야 했는데. 내일 내가 먼저 사과해야지.

⭐ 마지막으로 따라 쓰며 맞춤법을 기억해요.

웬만하면 웃자. 왠지 즐거워지니까.

-로서 VS -로써

-로서는 '학생으로서', '친구로서'처럼 지위나 신분, 자격을 나타낼 때 써요.
-로써는 '쌀로써 만든 떡', '대화로써 풀다'처럼 어떤 물건의 재료나 어떤 일의 방법을 나타낼 때 써요. 또한 '올해로써 열 살', '이로써 세 번째'처럼 시간을 셈할 때 기준이 되기도 해요.

 꿀벌 요리사 로서 , 단맛은 꿀로 내시죠?

 설탕으 로써 단맛을 냅니다.

⭐ 다음에 올 말로 알맞은 것을 따라 쓰고, 미로 길을 가 보세요.

- 모범을 보이자 → ㄱ 으로서 → ① 형
- ② 쌀 → ㄱ 로서
- ㄴ 으로써 → 공부를 열심히!
- ㄱ 으로서
- ㄴ 로써 → 만든 떡볶이 → ③ 학생 → ㄴ 으로써

⭐ 그림을 보고, 알맞은 단어를 따라 쓰며 문장을 완성해 보세요.

① 국가 대표 로서 / 로써 최선을 다했다.

② 자식으 로서 / 로써 효도할게요.

③ 졸업한 지 올해 로서 / 로써 3년이 지났네.

⭐ 마지막으로 따라 쓰며 맞춤법을 기억해요.

친구 로서 말할게, 대화 로써 풀자!

정답: 미로 ㄱ-ㄴ-ㄱ-ㄴ / 문장 완성하기 1. 로서 2. 로서 3. 로써

벌리다 VS 벌이다

벌리다는 둘 사이를 넓히거나 우므러진 것을 펴지게 한다는 뜻이에요. '줄 간격을 벌리다', '자루를 벌리다'처럼 쓰지요. **벌이다**는 일을 계획하여 시작하거나 여러 가지 물건을 늘어놓는다는 뜻이에요. '파티를 벌이다', '책을 어지럽게 벌이다'처럼 써요.

시장에 재밌는 물건을 벌여 놓았더라.

나는 입을 벌리고 하품할 정도로 재미없었는데.

⭐ 다음에 올 말로 알맞은 것을 따라 쓰고, 미로 길을 가 보세요.

벌여 벌리다 ① 잔치를
벌려 ② 틈을 ⓝ 벌이다
        ⓖ 벌리다
③ 다리를 쫙 ⓝ 벌이다
꺼내다

⭐ 빈칸에 공통으로 들어갈 말을 고르고, 문장을 완성해 보세요.

새로운 일을 ☐☐☐.

책상 위에 학용품을 ☐☐☐.

팽이 대회를 ☐☐☐.

① 벌리다   ② 벌이다

⭐ 마지막으로 따라 쓰며 맞춤법을 기억해요.

사이를 넓히는 건 벌리다,
펼쳐 놓는 건 벌이다.

썩이다 vs 썩히다

썩이다는 걱정 등으로 마음을 괴롭게 만든다는 뜻이에요. '부모 속을 썩이다'처럼 써요.
썩히다는 '쓰레기를 썩히다'처럼 세균으로 분해되어 냄새나 모양을 나빠지게 한다는 뜻이에요. 또한 사람, 재능 등이 제대로 쓰이지 못한 상태로 둔다는 뜻도 있어요.

 공부 안 하고 부모님 속을 썩이면 안 되겠지?

 그럼, 네 좋은 머리를 썩히면 아깝지.

자주 틀리는 맞춤법

건내다 ❌
건네다 ⭕

물건을 남에게 옮기거나, 남에게 말을 붙인다는 뜻이에요.

혼자 있는 친구에게 말을 건넸다.

금새 ❌
금세 ⭕

'금시에'가 줄어든 말로, '지금 바로'라는 뜻이에요. '금새'는 물건의 값을 뜻해요.

거북이가 금세 토끼에게 따라잡혔다.

도데체 ❌
도대체 ⭕

'요점만 말하면', '아주 궁금해서 묻는데'라는 뜻이에요.

너는 도대체 누굴 닮았니?

바램 ❌
바람 ⭕

'바라다'의 뜻을 가졌다면 무조건 '바람'으로 써야 해요. '바램'은 틀린 말이에요.

제 바람은 시험을 안 보는 거예요.

배개 ✗	예기 ✗
베개 ○	얘기 ○

'베다'의 '베-'와 앞말을 하는 간단한 도구라는 뜻의 '-개'가 합쳐진 말이에요.

'이야기'의 줄임 말이에요. 'ㅣ'와 'ㅑ'가 합쳐져 'ㅒ'로 쓰지요.

푹신한 베 개 베면 낮잠이 솔솔.

선생님, 재밌는 얘 기 해 주세요.

어의없다 ✗	역활 ✗
어이없다 ○	역할 ○

일이 너무 뜻밖이어서 기가 막힌다는 뜻이에요.

마땅히 해야 하는, 맡은 직책이나 임무를 말해요.

내 얼굴을 이렇게 그리다니 어 이 없 다.

넌 반장 역 할 을 잘 해낼 거야.

연애인 ✗ / 연예인 ○

사람들 앞에서 공연한다는 뜻의 '연예'에 사람을 뜻하는 '-인'이 붙었어요.

난 연예인 이 될 거야!

-이였다 ✗ / -이었다 ○

'-이었다'의 줄임 말은 '-였다'예요. 받침이 있는 말 뒤에는 '-이었다', 받침이 없는 말 뒤에는 '-였다'를 써요.

엄마 생신은 일요일 이었다 .

-이예요 ✗ / -이에요 ○

'-이에요'의 줄임 말은 '-예요'이지요. 받침이 있는 말 뒤에는 '-이에요', 받침이 없는 말 뒤에는 '-예요'를 써요.

저는 초등학생 이에요 .

잠구다 ✗ / 잠그다 ○

열지 못하도록 자물쇠 등을 채우거나 물, 가스 등이 흘러나오지 않게 막는다는 뜻이에요.

수도꼭지를 꼭 잠그다 .

제작년 ✗ / 재작년 ✓

'작년' 앞에 붙은 '재-'는 '다시 하는', '두 번째'라는 뜻이에요.

재 작 년 에 제주도로 놀러 갔다.

찌게 ✗ / 찌개 ✓

국물을 조금 적게 하여 재료와 양념을 넣고 끓인 반찬이에요.

맛 좋은 엄마표 김치 찌 개 .

키다 ✗ / 켜다 ✓

불을 일으키거나, 전기 제품을 작동하게 만든다는 뜻이에요.

휴대폰을 켜 다 가 들켜 버렸다.

해죠 ✗ / 해 줘 ✓

'해 주어'의 줄임 말은 '해 줘'예요. '해죠'는 틀린 말이에요.

나도 곱슬곱슬 파마 해 줘 !

곰곰히 ❌
곰곰이 ⭕

뒤에 '-이'나 '-히'가 붙으면 부사가 돼요. '곰곰' 뒤에는 '-이'가 와요.

 생각해 봐도 네가 좋아.

곱배기 ❌
곱빼기 ⭕

음식에서, 두 그릇의 몫을 한 그릇에 담은 양을 뜻해요.

자장면  로 먹을래요.

깨끗히 ❌
깨끗이 ⭕

'깨끗'처럼 'ㅅ'으로 끝나는 말 뒤에는 '-이'가 와요.

방을  청소하자.

꼼꼼이 ❌
꼼꼼히 ⭕

뒤에 '-하다'를 붙여 자연스러우면 주로 '-히'가 와요. '꼼꼼히', '조용히'처럼요.

문제는  읽어야 해.

살고기 ❌ / 살코기 ⭕

기름기나 힘줄, 뼈 등을 발라낸, 순살로만 된 고기예요.

살코기 가 듬뿍 들어간 육개장이에요.

알맞는 ❌ / 알맞은 ⭕

기준이나 정도가 딱 맞다는 뜻으로, '알맞-' 뒤에는 '-은'이 와요.

알맞은 답을 찾아보세요.

암닭 ❌ / 암탉 ⭕

닭의 암컷을 '암탉'이라고 해요. 수컷은 '수탉'이지요.

암탉 이 품은 알에서 병아리가 태어났다.

폭팔 ❌ / 폭발 ⭕

불, 감정, 열기 등이 갑작스럽게 터진다는 뜻이에요.

화산도 화가 나서 폭발 한 걸까?

갔다 VS 갖다

갔다는 '가다'의 과거형 표현이에요. 한곳에서 다른 곳으로 움직였다는 뜻이에요. '학교에 갔다'처럼 써요. **갖다**는 '가지다'의 줄임 말로 손이나 몸 등에 있게 하거나 자기 것으로 한다는 뜻이에요. '준비물을 갖고 오다', '용돈을 갖다'처럼 쓰지요.

경찰서에 갔어. 그렇다고 놀라지는 마.

지갑을 주워 갖고 간 거니까.

⭐ 다음에 올 말로 알맞은 것을 따라 쓰고, 미로 길을 가 보세요.

⭐ 문장의 틀린 부분을 바르게 고쳐 보세요.

① 아파서 병원에 갖다. ➡
② 책 빌리러 도서관에 갖어. ➡
③ 짐을 갔고 여기서 기다려. ➡

⭐ 마지막으로 따라 쓰며 맞춤법을 기억해요.

사촌 동생이 내 사탕을 갖고 도망 갔네.

낫다 vs 낳다

낫다는 병이나 상처 등이 고쳐지거나, 무엇보다 좋거나 앞서 있다는 뜻이에요. '상처가 낫다', '겨울보다 여름이 낫다'처럼 써요. 낳다는 배 속의 아이, 새끼, 알을 몸 밖으로 내놓는다는 뜻이에요. '엄마가 아기를 낳다', '닭이 알을 낳다'처럼 쓰지요.

 내가 낳 은 새끼가 제일 예뻐!

 엄마, 뽀뽀는 그만하는 게 낫 겠 어 요.

다음에 올 말로 알맞은 것을 따라 쓰고, 미로 길을 가 보세요.

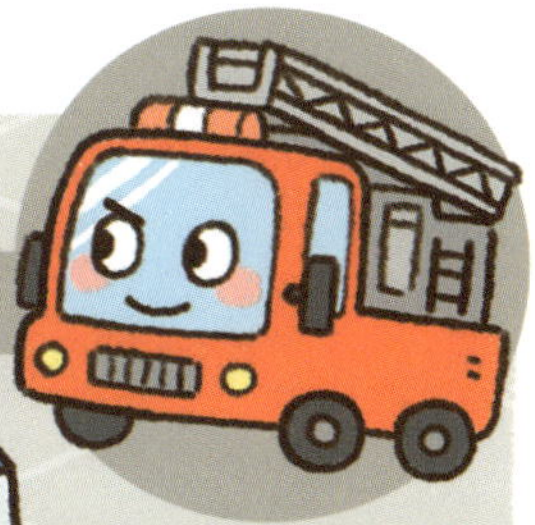

① 아픈 데가 — ㄱ 낫다 / ㄴ 낳다

② 돼지가 새끼를 — ㄱ 낫다 / ㄴ 낳다

③ 엄마가 나를 — ㄱ 나으셨지 / ㄴ 낳으셨지

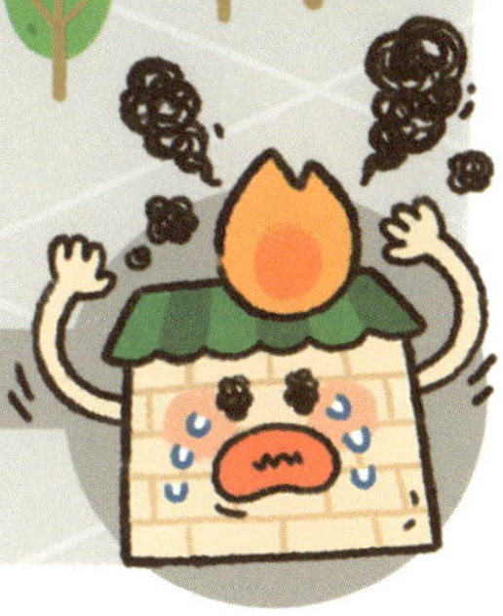

일기의 틀린 부분을 바르게 고쳐 보세요.

시골 할머니 댁에 갔다. 할머니는 엄마를 ①나으신 분이다. 아픈 무릎은 다 ②낳으신 것 같다. 시골에서는 여름보다 봄이 자전거 타기가 ③낳다.

① ☐☐☐　② ☐☐☐　③ ☐☐

마지막으로 따라 쓰며 맞춤법을 기억해요.

감기는 낫고 알은 낳다.

정답 미로 1-ㄱ-2-ㄴ-3-ㄴ / 틀린 부분 고치기 1.낳으신 2.나으신 3.낫다

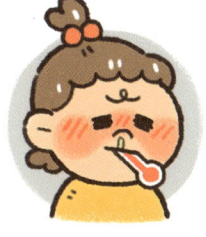

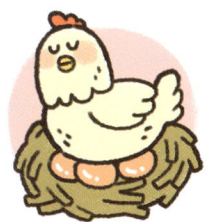

맡다 vs 맞다

맡다는 '반장을 맡다'처럼 어떤 일을 책임지고 담당할 때 써요. 또한 물건을 받아 보관하거나, 자리를 차지할 때도 쓰지요. **맞다**는 문제에 대한 답, 말 등이 틀림이 없다는 뜻이에요. '네 답이 맞다', '맞는 말씀이다'처럼 쓰지요. '반지가 꼭 맞아'처럼 크기가 다른 것과 어울린다는 뜻으로도 쓰여요.

 1반 반장을 　맡 은　 사람이 너야?

 그래, 내가 반장이 　맞 다　 !

다음에 올 말로 알맞은 것을 따라 쓰고, 미로 길을 가 보세요.

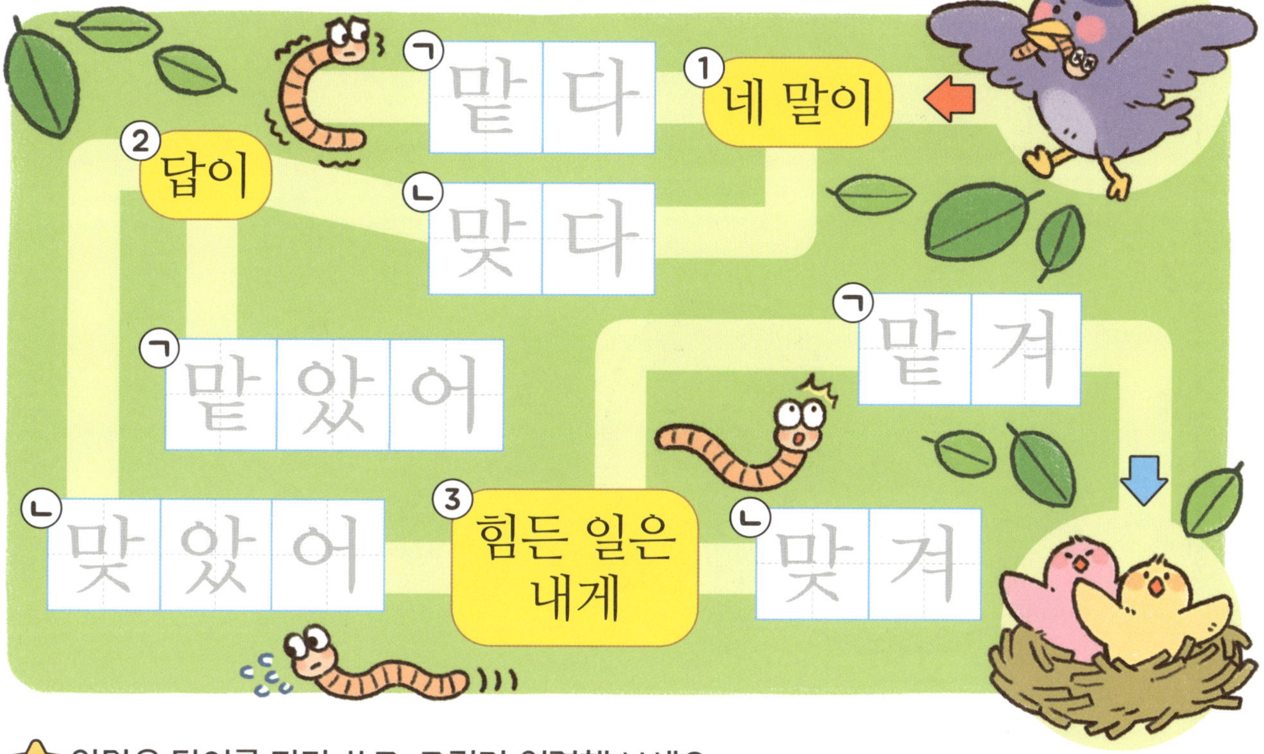

① 네 말이
ㄱ 맡다
ㄴ 맞다
② 답이
ㄱ 맡았어
ㄴ 맞았어
③ 힘든 일은 내게
ㄱ 맡겨
ㄴ 맞겨

알맞은 단어를 따라 쓰고, 그림과 연결해 보세요.

①

반장

②

다녀올게
응!

③

㉠ 옷이 딱 맡아 / 맞아.

㉡ 맡은 / 맞은 일에 최선을 다할게!

㉢ 자리 맡아 / 맞아 줘.

마지막으로 따라 쓰며 맞춤법을 기억해요.

부반장을 맡은 사람이 너야? 응, 나 맞아.

정답 미로 1-ㄴ-2-ㄴ-3-ㄱ / 연결하기 1-ㄴ 맡은, 2-ㄷ 맡아, 3-ㄱ 맞아

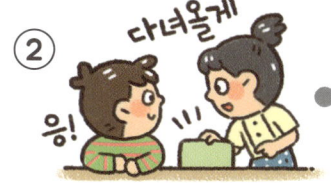

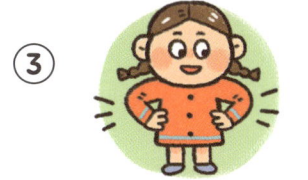

빗 vs 빛 vs 빚

빗은 머리털을 빗는 도구예요. **빛**은 해처럼 물체를 볼 수 있도록 해 주는 물질이에요. **빚**은 남에게 갚아야 할 돈을 뜻하지요.

 예쁘게 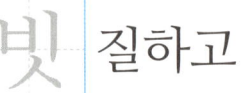 질하고 햇  잘 드는 곳에 소풍 가자!

 그 전에 나한테  진 삼천 원이나 갚아.

⭐ 다음에 올 말로 알맞은 것을 따라 쓰고, 미로 길을 가 보세요.

② 오천 원을
① 으로 머리털을 다듬어요.
ㄱ 빗
ㄴ 빚
ㄱ 빛
ㄴ 빛
ㄱ 빛
③ 이 없는 동굴
졌다
ㄴ 빚

⭐ 그림을 보고, 빈칸에 들어갈 글자를 <보기>에서 찾아 써 보세요.

보기: 빚 빛 빗

①  ☐ 질을 안 해서 머리가 뻗쳤어.

②  ☐ 을 내서 힘들게 산 집.

③  밤하늘에 반짝반짝 ☐ 나는 별.

⭐ 마지막으로 따라 쓰며 맞춤법을 기억해요.

빗 은 빗는 것, 빛 은 환한 것, 빚 은 갚는 것.

빗다 vs 빚다

빗다는 머리털을 빗 등으로 가지런히 고른다는 뜻이에요. '머리를 빗다'처럼 써요.
빚다는 흙이나 가루 등을 반죽하여 어떤 형태, 만두, 송편 등을 만든다는 뜻이에요.
'흙으로 빚다', '만두를 빚다'처럼 쓰지요.

 너 머리 안 빗어서 곱슬곱슬해.

 찰흙 빚느라 바빴어. 그리고 나 곱슬머리야.

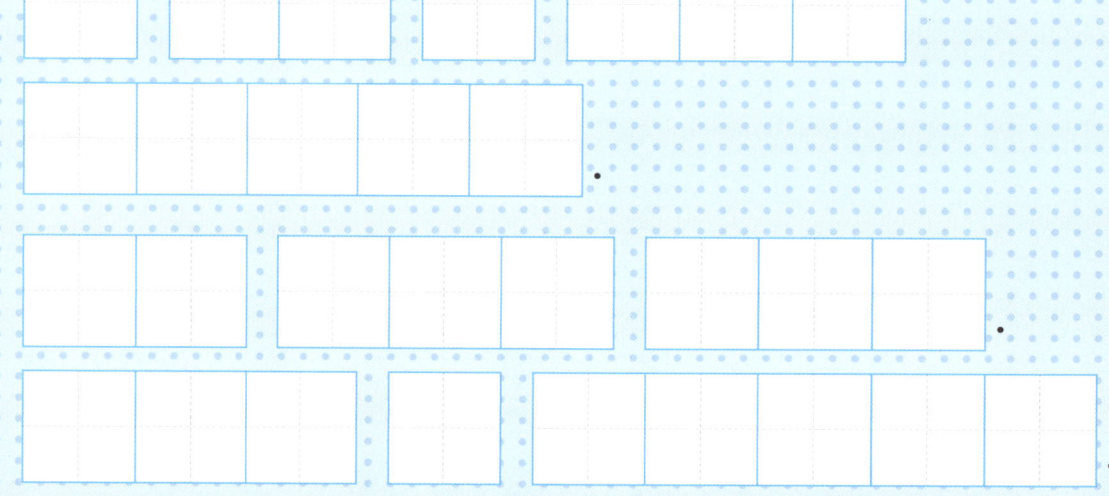

다음에 올 말로 알맞은 것을 따라 쓰고, 미로 길을 가 보세요.

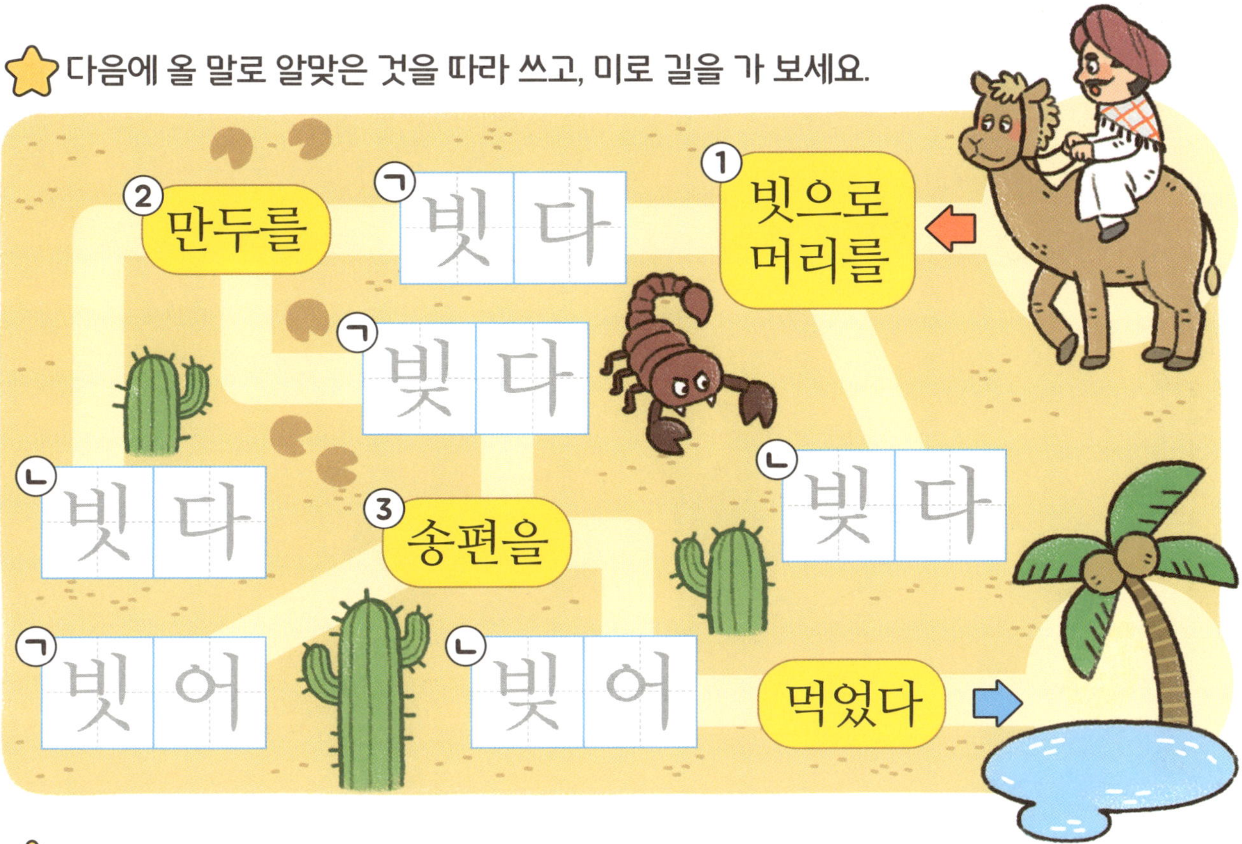
① 빗으로 머리를
ㄱ 빗다
ㄴ 빚다
② 만두를
ㄱ 빚다
ㄴ 빗다
③ 송편을
ㄱ 빗어
ㄴ 빚어
먹었다

그림을 보고, 문장의 틀린 부분을 바르게 고쳐 보세요.

① 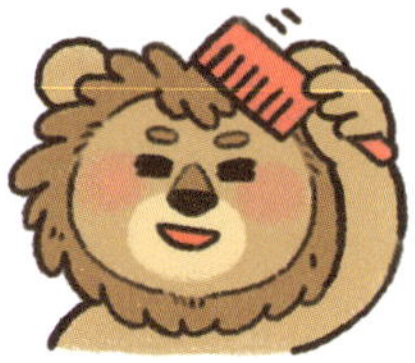 머리털을 곱게 빗네. ➡ [ ][ ]

② 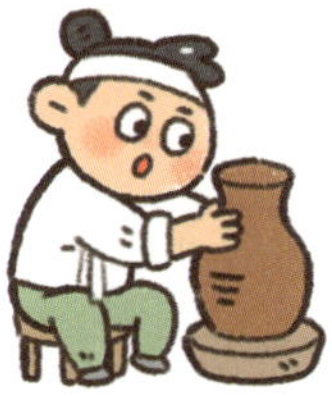 도자기를 빗자. ➡ [ ][ ]

③ 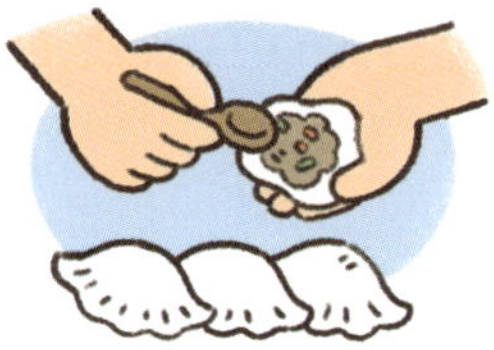 예쁘게 빗은 만두. ➡ [ ][ ]

마지막으로 따라 쓰며 맞춤법을 기억해요.

빗으로 빗은 머리, 손으로 빚은 만두.

정답 미로 1-ㄱ-2-ㄱ-3-ㄴ / 틀린 부분 고치기 1.빗네 2.빚자 3.빚은

안 VS 않

안은 반대의 뜻을 나타내는 '아니'의 줄임 말이에요. '안 먹다', '안 슬프다'처럼 써요.
않도 반대의 뜻이지만 '아니하-'의 줄임 말이에요. '먹지 않다', '슬프지 않다'처럼 쓰지요.

 나는 씩씩해서 아무것도  무서워.

 아까 바퀴벌레 보고 쓰러질 뻔하지  았니?

앉다 VS 안다

앉다는 윗몸을 바로 세워 엉덩이에 몸무게를 싣고 물건이나 바닥에 몸을 올려놓는다는 뜻이에요. '의자에 앉다'처럼 써요. **안다**는 두 팔을 벌려 가슴 쪽으로 끌어당겨 품 안에 있게 한다는 뜻이에요. '품에 안다', '아기를 안다'처럼 쓰지요.

수업 시작! 자리에 앉고 책 펴요.

야옹! 학교에 고양이를 안고 온 친구는 누구죠?

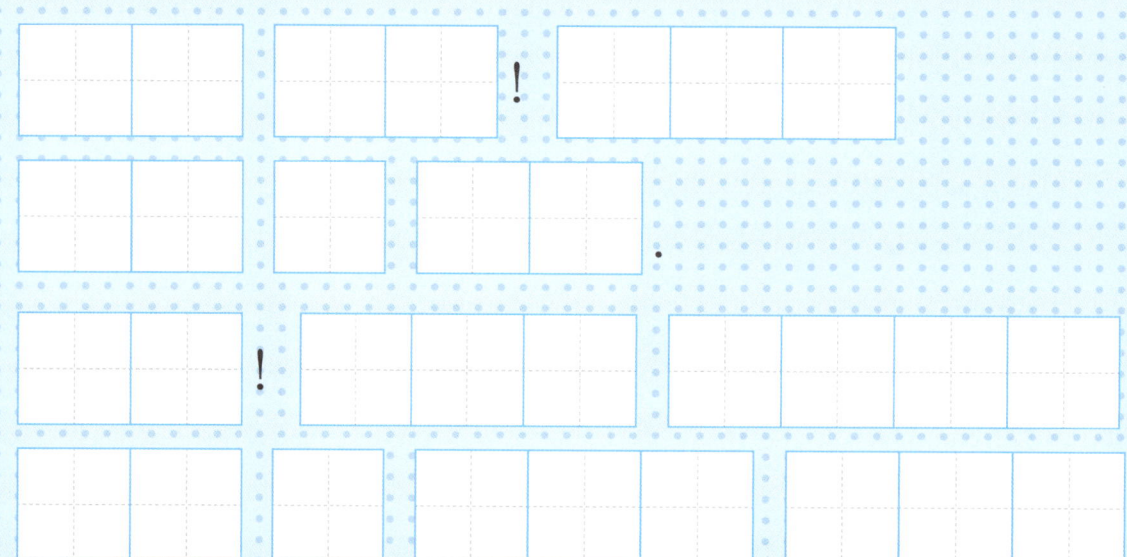

⭐ 다음에 올 말로 알맞은 것을 따라 쓰고, 미로 길을 가 보세요.

ㄱ 앉으세요   ① 노약자석에
② 나무에 까치가   ㄴ 안으세요
ㄱ 앉았네   ㄴ 안았네   ㄱ 안았다
ㄴ 앉았다   ③ 아빠가 나를

⭐ 문장의 틀린 부분을 바르게 고쳐 보세요.

① 바닥에 <u>안자서</u> 공기놀이하자. ➡
② 나뭇가지에 잠자리가 <u>안았니</u>? ➡
③ 어미 개가 새끼를 <u>앉고</u> 잠잔다. ➡

⭐ 마지막으로 따라 쓰며 맞춤법을 기억해요.

아이를 안 고 ,
의자에 앉 아 요 .

정답 미로 ㄱ-ㄱ-ㄴ-ㄱ-ㄴ / 틀린 부분 고치기 1.앉아서 2.앉았니 3.안고

업다 vs 없다

업다는 사람이나 동물을 등에 대고 손으로 붙잡거나 동여매어 붙어 있게 한다는 뜻이에요. '아이를 업다'처럼 써요. **없다**는 어떤 것이 실제로 존재하지 않는 상태라는 뜻이에요. '귀신은 없다', '아픈 곳이 없다'처럼 쓰지요.

엄마가 나를 업고 말했어요.

"엄마는 이제 힘이 없어 무겁구나."

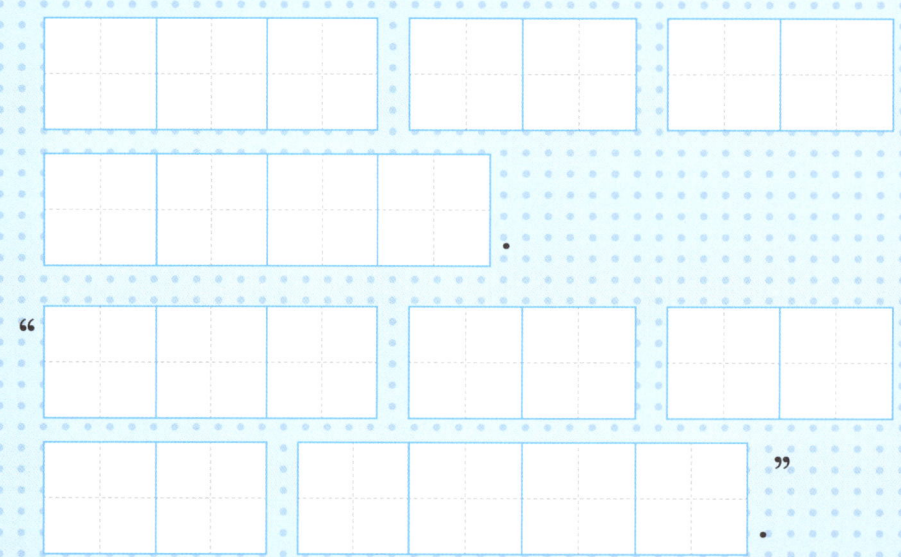

잃어버리다 VS 잊어버리다

잃어버리다는 가지고 있던 물건이 자신도 모르게 없어져 갖지 못하게 된다는 뜻이에요. '필통을 잃어버리다'처럼 써요. **잊어버리다**는 알았던 것을 기억하지 못한다는 뜻이에요. '어제 배운 것을 잊어버렸다'처럼 쓰지요.

금붕어가 |잃|어|버|린| 비늘 하나를 찾는다.

3초 뒤, 그 사실을 |잊|어|버|린| 채 먹이만 찾는다.

⭐ 다음에 올 말로 알맞은 것을 따라 쓰고, 미로 길을 가 보세요.

ㄱ. 잃어버리다 ① 모자를
ㄴ. 잊어버리다
ㄱ. 잊어버렸네 ② 외웠던 구구단을
ㄴ. 잃어버렸네

⭐ 일기의 틀린 부분을 바르게 고쳐 보세요.

현관문 비밀번호를 갑자기 ① 잃어버렸다.
가방에 넣어 둔 비상 열쇠도 ② 잊어버렸다.

①
②

⭐ 마지막으로 따라 쓰며 맞춤법을 기억해요.

물건은 잃어버리다,
생각은 잊어버리다.

짓다 VS 짖다

짓다는 재료를 들여 밥, 옷, 집 등을 만들거나 시, 노래 등과 같은 글을 쓴다는 뜻이에요. '밥을 짓다', '이름을 짓다'처럼 써요. **짖다**는 개, 까마귀, 까치가 소리를 내거나 지저귄다는 뜻이에요. '개 짖는 소리', '까치가 짖다'처럼 쓰지요.

 우리 강아지 이름을 뭐라고  ?

 코코라고 부를까요?

맘에 들면  보렴.

다음에 올 말로 알맞은 것을 따라 쓰고, 미로 길을 가 보세요.

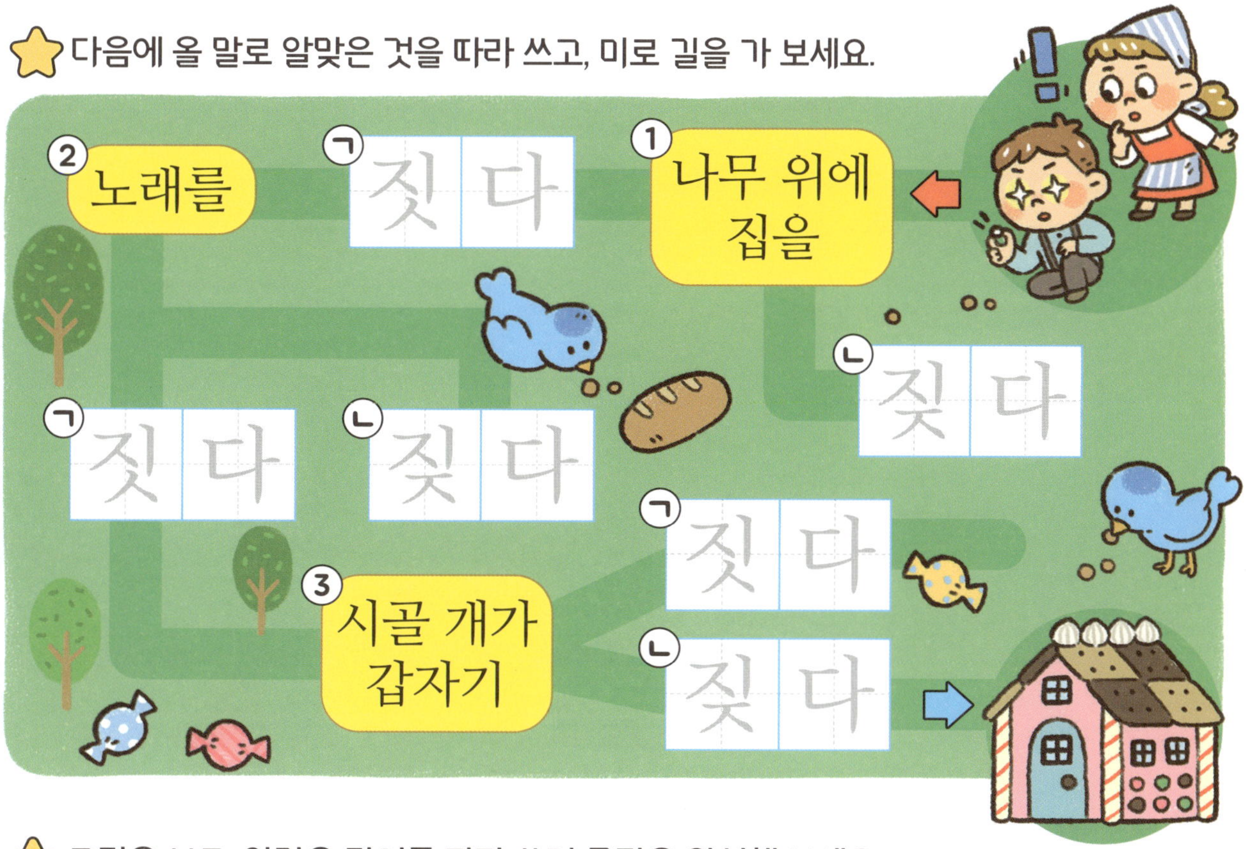

① 나무 위에 집을
② 노래를
③ 시골 개가 갑자기
ㄱ 짓다
ㄴ 짖다
ㄱ 짓다
ㄴ 짖다
ㄱ 짓다
ㄴ 짖다

그림을 보고, 알맞은 단어를 따라 쓰며 문장을 완성해 보세요.

① 시를 한 편 짓자 / 짖자.

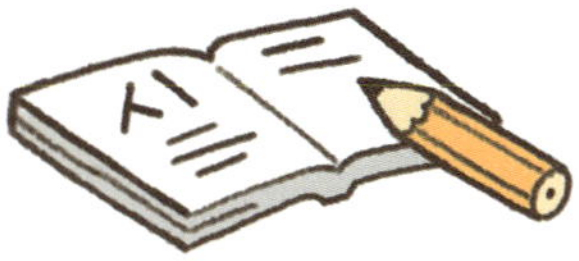

시

② 까치가 깍깍 짓네 / 짖네.

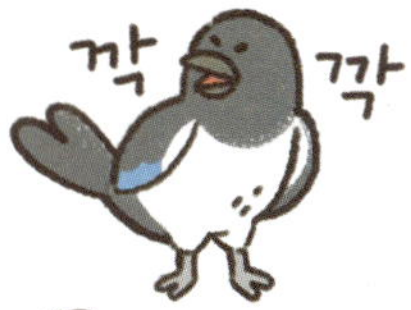

깍
깍

③ 가마솥에 밥을 짓다 / 짖다.

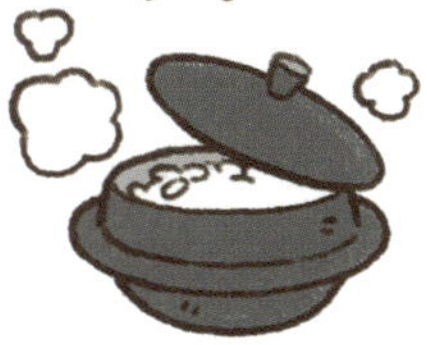

마지막으로 따라 쓰며 맞춤법을 기억해요.

마당에 개집을 짓자.

강아지가 마음껏 짖을 수 있게.

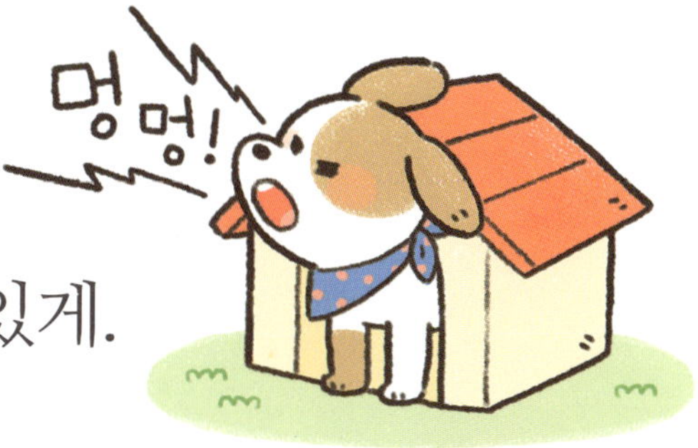

멍멍!

정답 미로 1-ㄱ-2-ㄱ-3-ㄴ / 문장 완성하기 1.짓자 2.짖네 3.짓다

찢다 VS 찧다

찢다는 물체를 잡아당겨 가른다는 뜻이에요. '종이를 찢다', '천을 찢다'처럼 쓰지요.
찧다는 무거운 물건으로 아래 있는 것을 내리치거나, 무엇과 무엇이 힘 있게 마주 닿는다는 뜻이에요. '쌀을 찧다', '이마를 찧다'처럼 쓰지요.

동생이 내 공책을 찢고 도망가다가

미끄러져 엉덩방아를 찧고 말았어.

⭐ 다음에 올 말로 알맞은 것을 따라 쓰고, 미로 길을 가 보세요.

② 문에 머리를 ㄱ 찢다 ① 종이를 쭉
ㄴ 찧다
ㄱ 찢다 ㄴ 찧다 ㄱ 찢었다
③ 옷을 잡아당겨 ㄴ 찧었다

⭐ 알맞은 단어를 따라 쓰고, 그림과 연결해 보세요.

①    ㉠ 신문지를 찢어서 / 찧어서 버렸다.

②    ㉡ 절구에 넣고 찢다 / 찧다.

③    ㉢ 다리 찢자 / 찧자.

⭐ 마지막으로 따라 쓰며 맞춤법을 기억해요.

종이는 찢고, 방아는 찧는다.

자주 틀리는 맞춤법

귀속 ✗
귓속 ⭕

귀의 안쪽을 말할 땐 '귓속'이라고 써요. '귀속'은 어떤 단체에 속한다는 뜻이에요.

 을 마구 후비면 안 돼.

깍뚜기, 깎뚜기, 깎두기 ✗
깍두기 ⭕

무를 네모나게 썰어서 양념과 버무린 김치예요.

 는 아삭아삭해요.

깍다 ✗
깎다 ⭕

'칼로 표면을 벗기다', '풀이나 털을 자르다', '값을 낮추다'의 뜻이에요.

연필을  가 부러뜨렸어.

얼만큼 ✗
얼마큼 ⭕

'얼마만큼'의 줄임 말은 '얼마큼'이에요.

나  좋아해?

오랫만 ✗ / 오랜만 ○

'오래간만'의 줄임 말은 '오랜만'이에요.

오랜만 이야! 잘 지냈니?

이틀날 ✗ / 이튿날 ○

어떤 일이 있은 그다음의 날이라는 뜻이에요.

밤새 열이 나더니 이튿날 나았다.

졸립다 ✗ / 졸리다 ○

자고 싶은 느낌이 든다는 뜻이에요.

점심을 먹고 나니 졸리다.

치고박다 ✗ / 치고받다 ○

서로 말로 다투거나 실제로 때리면서 싸운다는 뜻이에요.

치고받고 싸우면 엄마한테 혼나!

구지 ✗ / 굳이 ○

'고집을 부려 일부러 애써'라는 뜻이에요. '구지'라고 읽지만 '굳이'라고 써요.

| 굳 | 이 | 말 안 해도

네 마음 다 알아.

납짝하다 ✗ / 납작하다 ○

판판하고 얇으면서 넓다는 뜻이에요.

코를 | 납 | 작 |
| 하 | 게 | 해 줄 거야!

낭떨어지 ✗ / 낭떠러지 ○

깎아지른 듯한 언덕이에요. '떨어지다'를 생각해서 '낭떨어지'라고 쓰면 틀려요.

| 낭 | 떠 | 러 | 지 |

에서 떨어지는 꿈을 꿨어요.

눈쌀 ✗ / 눈살 ○

두 눈썹 사이에 주름이에요. '눈쌀'이라고 읽지만 '눈살'이라고 써요.

쓰레기를 보니

| 눈 | 살 | 이 찌푸려졌다.

떡복기, 떡붂기, 떡뽀끼 ✗
떡볶이 ○

'떡볶이'는 '떡' 뒤에 '볶다'의 '볶-'과 명사를 만들어 주는 말인 '-이'가 붙은 말이에요.

여기  2인분 주세요.

설겆이 ✗
설거지 ○

먹고 난 뒤 그릇을 씻어 정리하는 일을 말해요.

그릇들이 샤워하는  시간!

실증 ✗
싫증 ○

싫은 생각이나 느낌이에요. '싫다'의 '싫-'에 그런 반응을 뜻하는 '-증'이 붙은 말이에요.

좋아하는 게임도 매일 하면  나.

오뚜기 ✗
오뚝이 ○

갑자기 발딱 일어서는 모양의 '오뚝' 뒤에 명사를 만들어 주는 말인 '-이'가 붙었어요.

넘어져도  처럼 일어날 거야!

넘어 vs 너머

넘어는 '넘다'의 활용형으로, 높은 부분의 위를 지나가거나 경계를 건너 지난다는 뜻이에요. '산을 넘어', '강을 넘어'처럼 써요. 너머는 높이나 경계로 가로막은 사물의 저쪽을 뜻해요. '산 너머', '고개 너머'처럼 쓰지요.

에헴, 나는 산 너머 에 사는 산신령이니라.

산을 넘어 왔으니 얼른 집으로 돌아가세요.

⭐ 다음에 올 말로 알맞은 것을 따라 쓰고, 미로 길을 가 보세요.

⭐ 이야기의 틀린 부분을 바르게 고쳐 보세요.

"저 담장을 ①너머 왔습니까?"
"잘못했습니다. 저는 고개 ②넘어에 있는 마을에서 왔고요. 빈집의 담장을 ③너멌어요."

① ② ③

⭐ 마지막으로 따라 쓰며 맞춤법을 기억해요.

넘어 는 동작, 너머 는 공간.

다치다 vs 닫히다

다치다는 몸에 상처가 생기거나 남의 마음이나 체면을 상하게 할 때 써요. '무릎을 다치다', '마음을 다치다'처럼요. **닫히다**는 열린 문, 뚜껑, 서랍 등이 도로 제자리로 가 막히거나 하루의 영업이 끝난다는 뜻이에요. '성문이 닫히다', '은행 문이 닫히다'처럼 쓰지요.

 어떻게 하면 닫힌 마음을 열 수 있죠?

 이미 제 마음은 다쳤어요!

다음에 올 말로 알맞은 것을 따라 쓰고, 미로 길을 가 보세요.

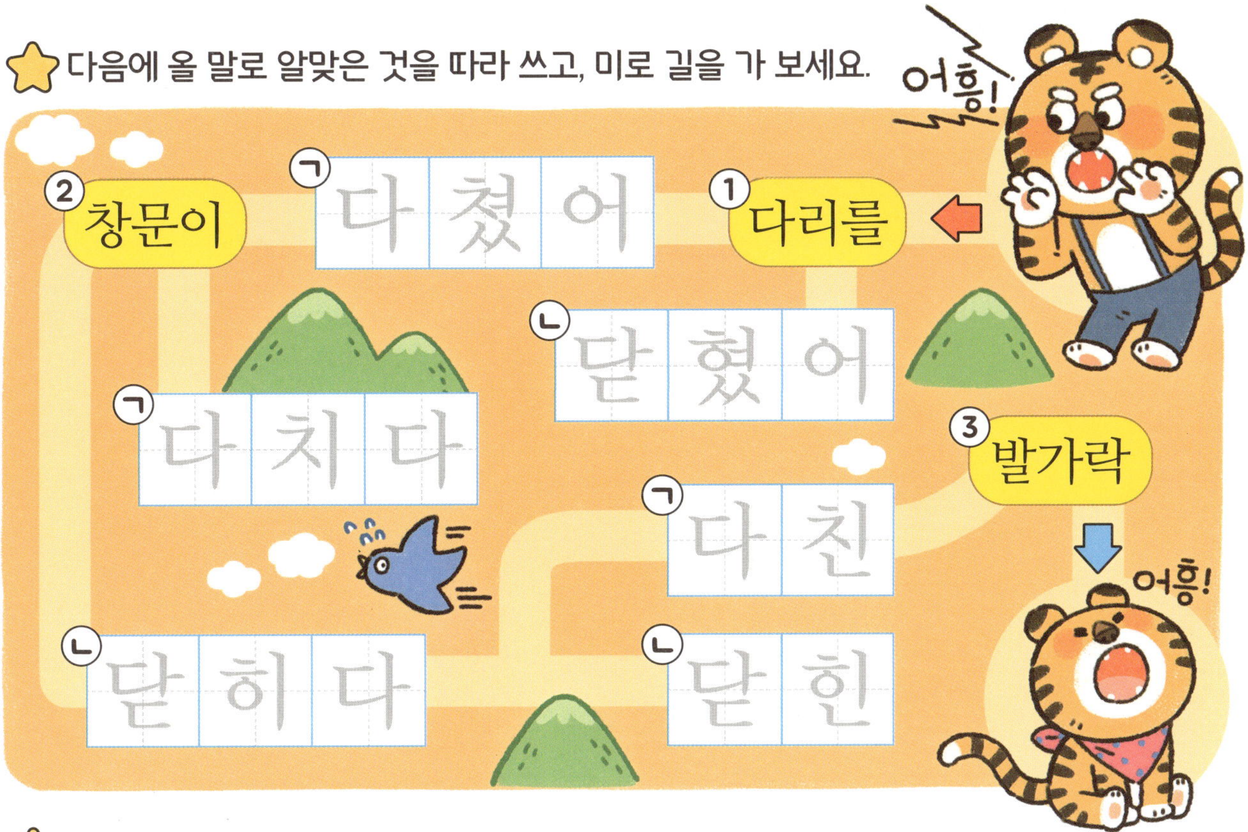

어흥!
① 다리를
② 창문이
ㄱ 다쳤어
ㄴ 닫혔어
ㄱ 다치다
ㄴ 닫히다
③ 발가락
ㄱ 다친
ㄴ 닫힌
어흥!

그림을 보고, 빈칸에 들어갈 글자를 <보기>에서 찾아 써 보세요.

보기	닫힌다 닫혔다 다치다

①

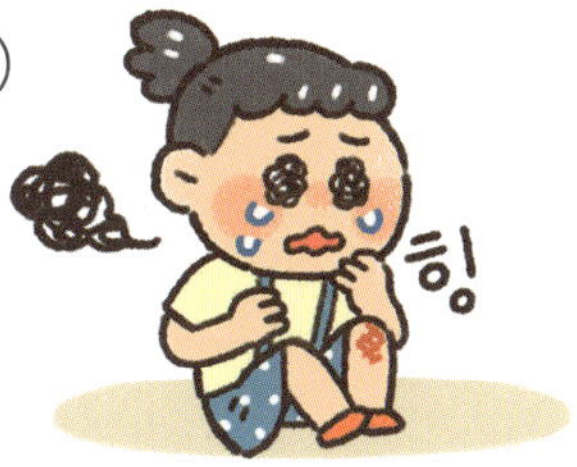

힝!

넘어져서 무릎을 ☐☐☐.

②

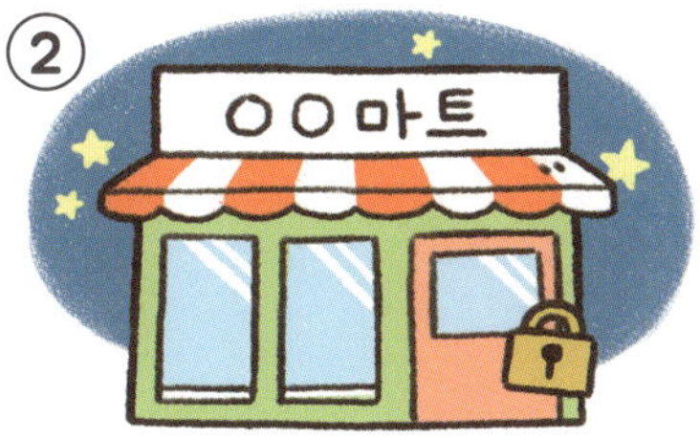

OO마트

마트 문은 곧 ☐☐☐.

③

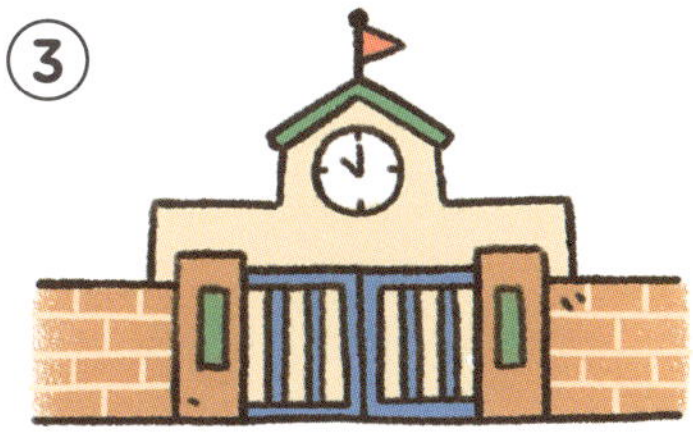

학교 정문이 이미 ☐☐☐.

마지막으로 따라 쓰며 맞춤법을 기억해요.

문이 닫힐 때 조심해요. 다칠 수 있어요.

되게 VS 대개

되게는 '아주 몹시'라는 뜻이에요. '되게 높은 빌딩', '되게 좋다'처럼 써요.
대개는 '대부분'이라는 뜻이에요. '새싹은 대개 봄에 난다'처럼 쓰지요.

 나 이 게임 되게 좋아하는데 한 판만!

 줄 서, 이 게임은 대개 좋아해.

⭐ 다음에 올 말로 알맞은 것을 따라 쓰고, 미로 길을 가 보세요.

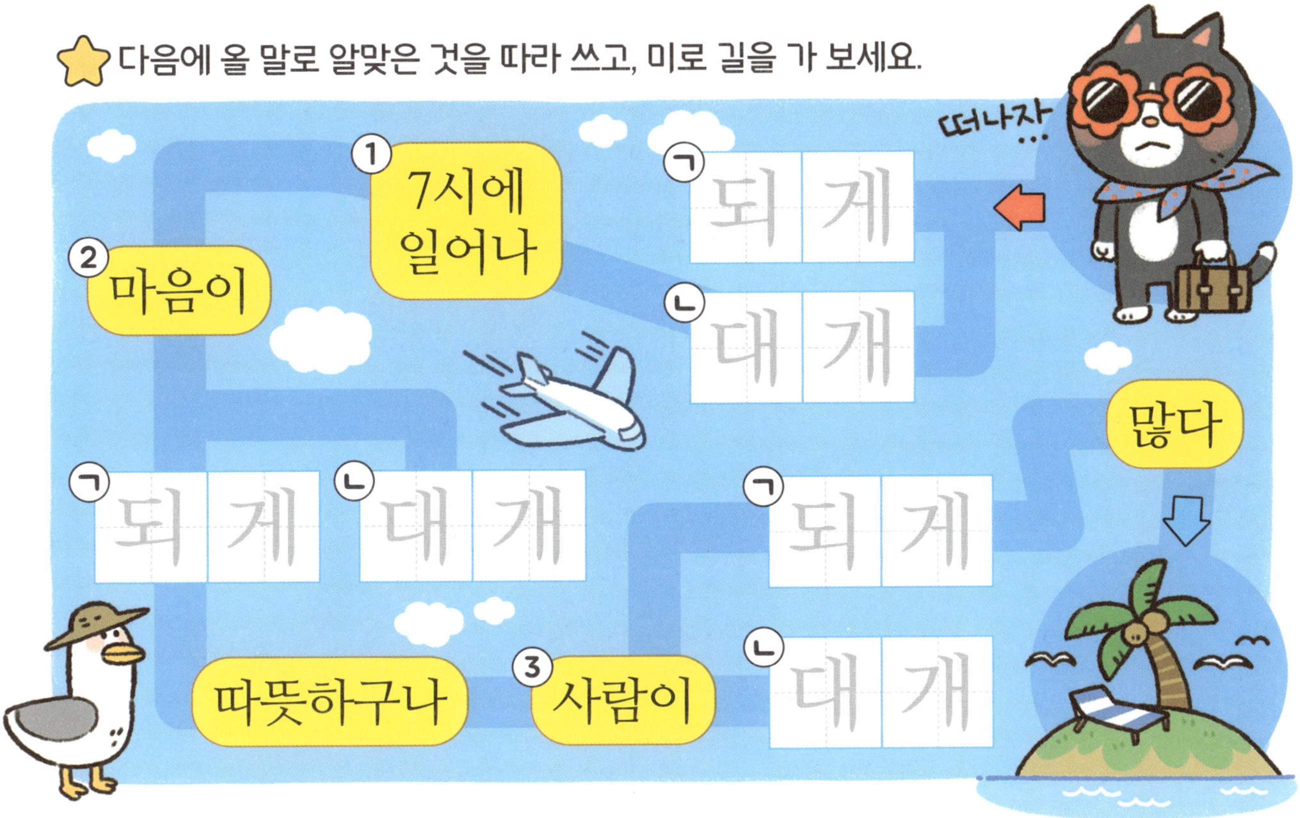

① 7시에 일어나
② 마음이
ㄱ 되게　ㄴ 대개
ㄱ 되게　ㄴ 대개
많다
따뜻하구나
③ 사람이
ㄱ 되게　ㄴ 대개

⭐ 그림을 보고, 알맞은 단어를 따라 쓰며 문장을 완성해 보세요.

① 내 짝꿍이랑 나는 되게 / 대개 친해.

② 이 만화책 되게 / 대개 재밌어.

③ 되게 / 대개 여름 방학에 피서를 가지.

⭐ 마지막으로 따라 쓰며 맞춤법을 기억해요.

대개 의 뜻은 대부분, 되게 의 뜻은 몹시.

드러내다 vs 들어내다

드러내다는 가려 있거나 보이지 않던 것을 보이게 한다는 뜻이에요. '무릎을 드러내는 바지'처럼 써요. 들어내다는 물건을 들어서 밖으로 옮긴다는 뜻이에요. '의자를 들어내다'처럼 쓰지요.

이사하려고 침대를 <u>들어냈더니</u>

잃어버린 세뱃돈이 모습을 <u>드러냈다</u>.

무난하다 VS 문안하다

무난하다는 어려움이나 단점, 흠잡을 만한 것이 없다는 뜻이에요.
'시험을 무난하게 통과하다', '무난한 옷차림'처럼 써요.
문안하다는 웃어른께 안부를 여쭌다는 뜻이에요. '할머니께 문안하다'처럼 쓰지요.

호랑이 할아버지께 문안하는 방법!

씩씩하게 인사하면 무난하게 통과!

다음에 올 말로 알맞은 것을 따라 쓰고, 미로 길을 가 보세요.

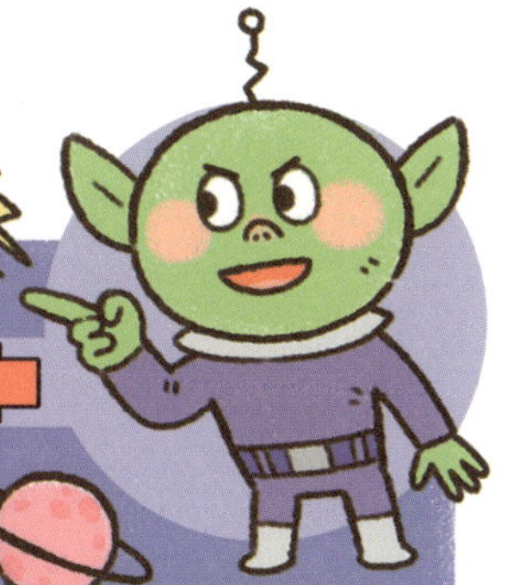

① 백 점이

ㄱ 무난하다

ㄱ 무난

ㄴ 문안하다

ㄴ 문안

ㄱ 무난하게

② 인사하기

ㄴ 문안하게

③ 입기 좋은 옷

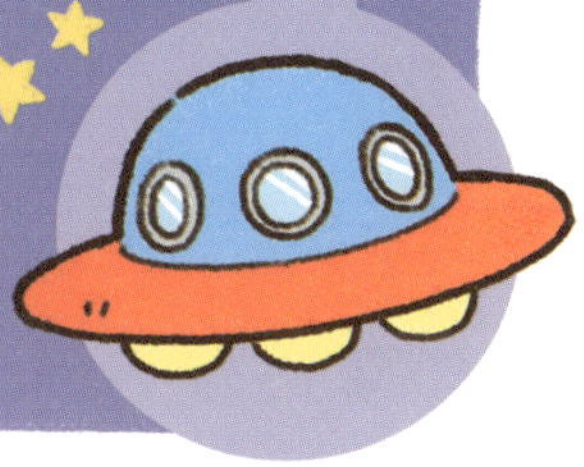

그림을 보고, 알맞은 단어를 따라 쓰며 문장을 완성해 보세요.

①
문안한 / 무난한 연주.

②
문안 / 무난 하러 큰집에 가자.

③
문안한 / 무난한 성격.

마지막으로 따라 쓰며 맞춤법을 기억해요.

문자 메시지로 문안 인사를 무난하게 전해요.

정답 미로 1-ㄱ-ㄱ-ㄴ-2-ㄴ-3 / 문장 완성하기 1.무난한 2.문안 3.무난한

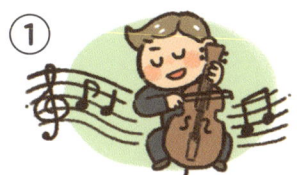

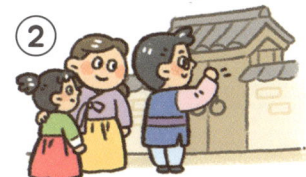

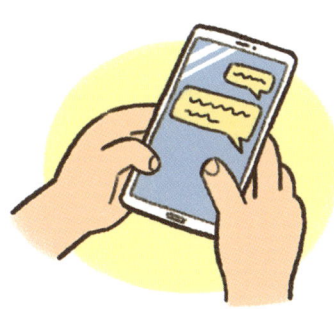

무치다 VS 묻히다

무치다는 나물 등에 양념을 넣고 골고루 뒤섞는다는 뜻이에요. '콩나물을 무치다'처럼 써요.
묻히다는 가루나 물 등을 다른 물건에 들러붙게 하거나 흔적을 남긴다는 뜻이에요. '손에 물을 묻히다'처럼 쓰지요.

고춧가루 양념 팍팍 묻히고,
맛있는 나물로 무쳐지자!

다음에 올 말로 알맞은 것을 따라 쓰고, 미로 길을 가 보세요.

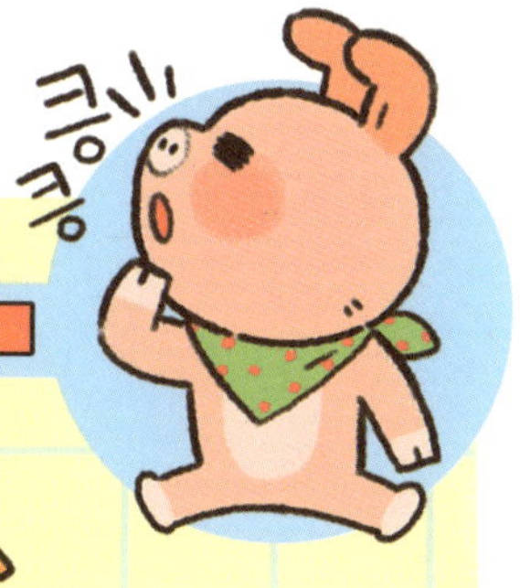

① 시금치를
ㄱ 무치다
ㄴ 묻히다

② 옷에 페인트를
ㄱ 묻혔어
ㄴ 묻혔어

③ 손에 물을
ㄱ 무쳤어
ㄴ 무쳤어

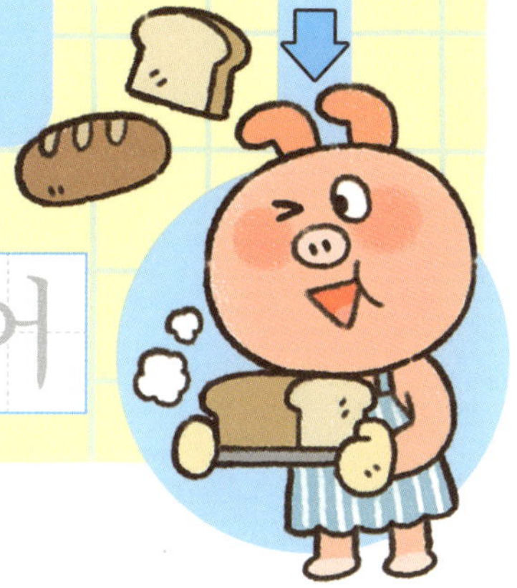

빈칸에 들어갈 글자를 <보기>에서 찾아 써 보세요.

① 옷에 물감을 ☐☐☐. 보기: 어 혔 쳤 묻

② 봄나물을 ☐☐ 먹자. 보기: 혀 이 무 쳐

③ 바지에 흙을 ☐☐☐. 보기: 묻 다 치 히

마지막으로 따라 쓰며 맞춤법을 기억해요.

나물을 조물조물 무치고,

티셔츠에 양념을 묻히고.

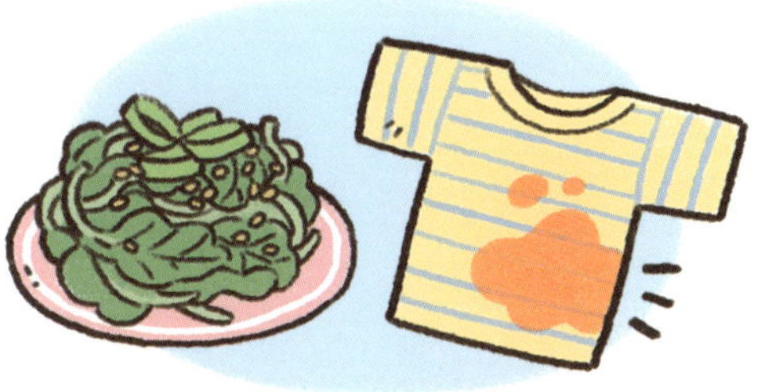

바치다 VS 받치다

바치다는 높은 사람에게 정중하게 드리거나, 무엇을 위해 아낌없이 내놓을 때 써요. '왕에게 음식을 바치다', '독립에 목숨을 바치다'처럼요. **받치다**는 물건의 밑이나 옆에 다른 물건을 댄다는 뜻이에요. '쟁반에 그릇을 받치다'처럼 쓰지요.

 장군! 나라를 위해 목숨을 바치겠습니다!

 지금은 우산이나 받치거라.

반드시 VS 반듯이

반드시는 '틀림없이 꼭'이라는 뜻이에요. '약속을 반드시 지키다'처럼 써요.
반듯이는 물건, 생각, 행동 등이 비뚤어지거나 기울거나 굽지 않고 바를 때 써요.
'반듯이 몸을 눕히다'처럼요.

책장을 **반듯이** 정리한 사람이 누구인지 **반드시** 찾아내 칭찬할 거야.

★ 다음에 올 말로 알맞은 것을 따라 쓰고, 미로 길을 가 보세요.

★ 알맞은 단어를 따라 쓰며 문장을 완성해 보세요.

① 반드시 / 반듯이
백 팀을 이기고 싶다.

② 반드시 / 반듯이
줄을 맞춘 우리 팀 잘한다!

③ 다음번엔 반드시 / 반듯이
1등 해야지.

★ 마지막으로 따라 쓰며 맞춤법을 기억해요.

반듯이 는 바르게, 반드시 는 꼭!

부치다 VS 붙이다

부치다는 '편지를 부치다'처럼 편지나 물건을 어떤 방법으로 상대에게 보낼 때 써요. 부침개를 만들 때도 '부치다'를 쓰지요. **붙이다**는 '스티커를 붙이다'처럼 맞닿아 떨어지지 않게 한다는 뜻이에요. '불을 붙이다'처럼 불을 일으킨다는 뜻도 있지요.

 손에 반창고를 붙였네.

 빈대떡 부칠 때 그만 맨손으로 집었어.

⭐ 다음에 올 말로 알맞은 것을 따라 쓰고, 미로 길을 가 보세요.

⭐ 문장의 틀린 부분을 바르게 고쳐 보세요.

① 초에 불을 <u>부쳤어</u>. ➡

② 파전을 맛있게 <u>붙였어</u>. ➡

③ 사진을 종이에 <u>부쳤어</u>. ➡

④ 그 주소로 편지를 <u>붙였다고</u>? ➡

⭐ 마지막으로 따라 쓰며 맞춤법을 기억해요.

주소를 붙이고 택배를 부쳐야 해.

시키다 VS 식히다

시키다는 어떤 일을 하게 하거나, 음식 등을 가져오도록 주문한다는 뜻이에요. '심부름을 시키다', '자장면을 시키다'처럼 써요. **식히다**는 더운 기운을 없앨 때, 열정, 생각을 가라앉힐 때, 땀을 말릴 때 등에 쓰는 말이에요. '끓인 물을 식히다', '분노를 식히다'처럼 쓰지요.

 짬뽕을 시켰는데 국물이 미지근해요.

 뜨거울까 봐 후후 불어 식혔어요.

★ 다음에 올 말로 알맞은 것을 따라 쓰고, 미로 길을 가 보세요.

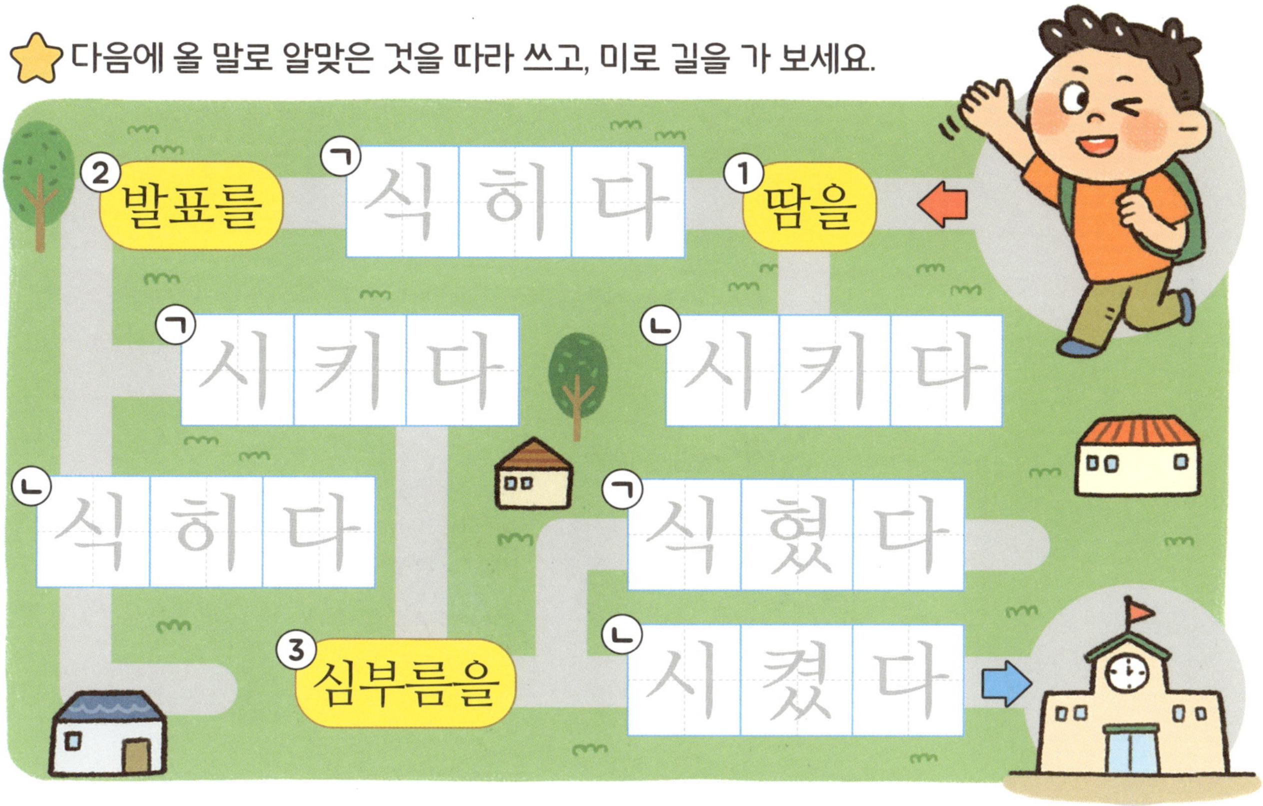

① 땀을
ㄱ 식히다
ㄴ 시키다
② 발표를
ㄱ 시키다
ㄴ 식히다
③ 심부름을
ㄱ 식혔다
ㄴ 시켰다

★ 그림을 보고, 빈칸에 들어갈 글자를 <보기>에서 찾아 써 보세요.

보기: 시켜 식혀

①

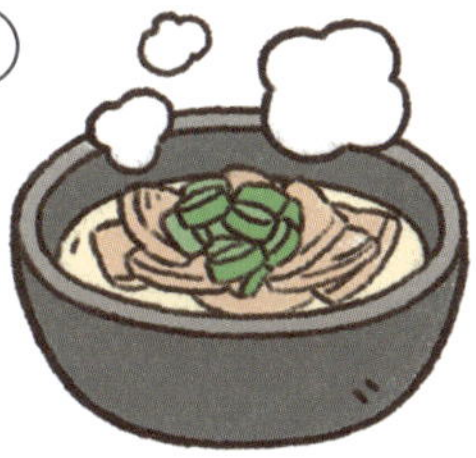

국물을 ☐☐ 먹어.

②

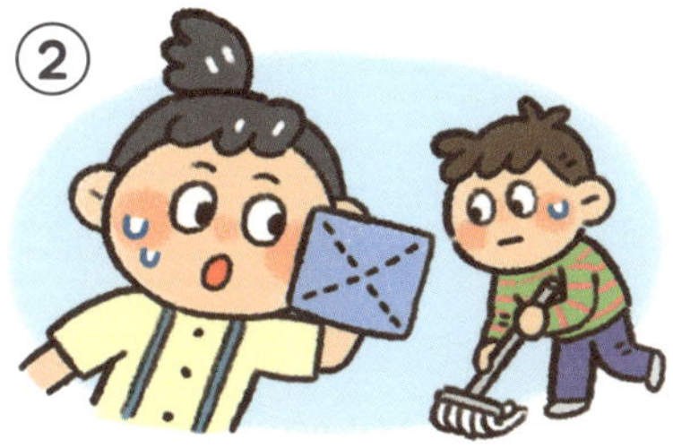

지각하면 청소를 ☐☐.

③

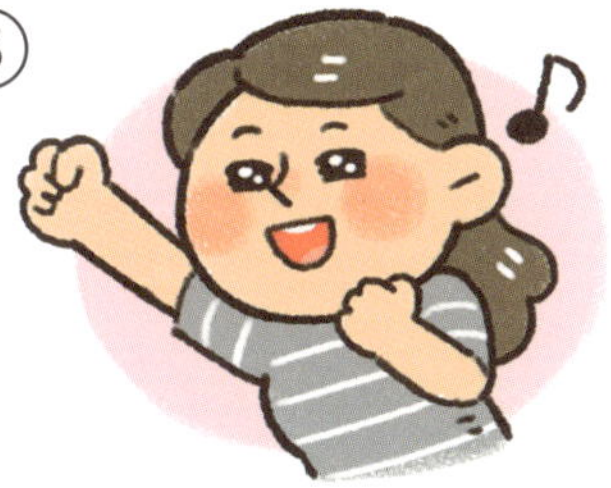

오늘 저녁은 ☐☐ 먹자!

★ 마지막으로 따라 쓰며 맞춤법을 기억해요.

열을 식히려고 얼음을 시켰어.

정답 미로 1-ㄱ-2-ㄱ-3-ㄴ / 보기에서 글자 찾기 1.식혀 2.시켜 3.시켜

어떻게 vs 어떡해

어떻게는 '어떻다'의 부사형으로, '어떤 모양, 이유, 까닭으로'라는 뜻이에요. '어떻게 쓰는 거죠?', '어떻게 지내?'처럼 써요. **어떡해**는 '어떻게 해'의 줄임 말이에요. '그냥 가면 어떡해', '숙제가 많은데 어떡해?'처럼 문장 마지막에 쓰지요.

 | 어 | 떻 | 게 | 하면 더 빨리 뛸 수 있을까?

 그걸 나한테 물으면 | 어 | 떡 | 해 | ?

⭐ 다음에 올 말로 알맞은 것을 따라 쓰고, 미로 길을 가 보세요.

㉠ 어떻게	① 안 먹으면
㉠ 어떻게	㉡ 어떡해
㉡ 어떡해	㉠ 어떡하지
② 만들어? ③ 비가 와서	㉡ 어떡하지

⭐ 알맞은 단어를 따라 쓰며 문장을 완성해 보세요.

① 어떡해 / 어떻게 그럴 수 있니?

② 준비물을 놓고 왔는데 어떡해 / 어떻게 ?

③ 나만 따라다니면 어떡해 / 어떻게 ?

⭐ 마지막으로 따라 쓰며 맞춤법을 기억해요.

문장 맨 뒤에 쓰이면 '어떡해'.

정답 미로 ㄱ-ㄴ-ㄴ-ㄹ-ㄱ / 문장 완성하기 1. 어떻게 2. 어떡해 3. 어떡해

있다가 VS 이따가

있다가는 '있다'의 '있-'에 어떤 동작이나 상태가 끝나고 다르게 바뀜을 나타내는 '-다가'가 붙은 말이에요. '집에 있다가 나갈게'처럼 써요.

이따가는 '조금 지난 뒤에'라는 뜻이에요. '이따가 너희 집으로 갈게'처럼 쓰지요.

 우리 이따가 동물원을 탈출하자!

 난 좀 있다가 갈게.

⭐ 다음에 올 말로 알맞은 것을 따라 쓰고, 미로 길을 가 보세요.

학원 가자 ㉠ 있다가　　㉠ 여기

㉠ 있다가　②전화할게　㉡ 이따가

㉡ 이따가　　㉠ 있다　　만나

　　　　③ 한 시간　㉡ 이따

⭐ 알맞은 단어를 따라 쓰고, 그림과 연결해 보세요.

㉠ 있다가 / 이따가 버스 탈까?

㉡ 도서관에 있다가 / 이따가 나왔어.

⭐ 마지막으로 따라 쓰며 맞춤법을 기억해요.

있다가 는 장소, 이따가 는 시간.

정답　미로 ㄱ-ㄴ-ㄴ-2-3-ㄴ / 연결하기 1-ㄴ 있다가, 2-ㄴ 이따가

조리다 vs 졸이다

조리다는 양념을 한 고기, 생선, 채소 등을 국물에 넣고 끓여서 양념이 배어들게 한다는 뜻이에요. '갈치를 조리다'처럼 써요. **졸이다**는 찌개 등의 물을 증발시켜 양을 적어지게 하거나, 속을 태우다시피 초조해한다는 뜻이에요. '찌개를 졸이다', '가슴을 졸이다'처럼 쓰지요.

갈비를 조 리 다 탈까 봐 조심조심
마음 졸 였 더 니 안 익었다!

⭐ 다음에 올 말로 알맞은 것을 따라 쓰고, 미로 길을 가 보세요.

⭐ 빈칸에 공통으로 들어갈 말을 고르고, 문장을 완성해 보세요.

두부 ☐☐이 나왔어.
고등어 ☐☐ 좋아해?

① 조림   ② 졸임

된장찌개 국물을 ☐☐☐.
반장 후보는 마음을 ☐☐☐.

① 졸였어   ② 조렸어

⭐ 마지막으로 따라 쓰며 맞춤법을 기억해요.

양념은 조리고, 마음은 졸이고.

글 **또바기**

또바기는 '언제나 한결같이 꼭 그렇게'라는 뜻의 순우리말입니다.
책과 글이 아이들에게 마음속 세계를 짓는 훌륭한 재료가 되어 준다고 생각하며
또바기 기획하고, 글을 씁니다. 쓴 글로는 《랜드마크 범인 찾기 추리북》, 《학교 범인 찾기 추리북》,
《으스스 오싹오싹 세계 귀신 탐험》, 《머리에 쏙쏙! 한국사 재미 탐험》 등이 있습니다.

그림 **안주영**

프리랜서 일러스트레이터입니다. 그린 책으로는 《도전! 초등 국어 표현력 퀴즈왕》,
《EBS 초등 어맛! 속담 맛집》이 있습니다.
snowberry14@naver.com

한방에 올킬✨ 헷갈리는 맞춤법 + 또박또박 따라 쓰기

초판 2쇄 발행 2022년 1월 28일

글 또바기 | **그림** 안주영

발행인 오형석
편집장 이미현 | **편집** 정수경 신지원 김예린 | **디자인** 양X호랭 DESIGN
발행처 ㈜계림북스
신고번호 제2012-000204호 | **등록일자** 2000년 5월 22일
주소 서울시 마포구 창전로 74 여촌빌딩 3층
대표전화 (02)-7079-900 | **팩스** (02)-7079-956
도서문의 (02)-7079-913
홈페이지 www.kyelimbook.com

ⓒ계림북스, 2021
이 책에 실린 글과 그림, 사진의 무단 전재나 복제를 금합니다.